Come l'Intelligenza Artificiale cambierà il tuo Futuro

Roberto De Bortoli

Che cambiamento porterà l'intelligenza artificiale al tuo lavoro? Che impatto avrà sulla tua vità?

Dedica

Dedico questo libro estratto della mia tesi di Laurea magistrale sulla I.A. alla mia famigla e a tutte quelle persone che vivranno questa seconda rivoluzione industriale, dedico questo libro e a tutte quelle persone che sognano un futuro in cui l'umanità sarà sollevata dal giogo del lavoro grazie all'I.A. e alla meccatronica e avrà finalmente la possibilità di vivere in un epoca di plenitudine.

Sogno per voi un secondo rinascimento, in cui si dimenticheremo le storture, le privazioni, il razzismo, l'emarginazione sociale e tutti quei aspetti negativi che l'umanità si è portata dietro e che ha segnato la sua storia nei secoli di barbarie.

Dedico a tutti i sognatori di un mondo migliore per tutti, senza esclusioni questo libro affinchè dia una nuova visione del futuro in cui noi esseri umani e le macchine senzienti del futuro possiamo vivere in armonia.

Dr.Roberto De Bortoli

Indice Generale

INTRODUZIONE

Alla data in cui viene scritta questa tesi il fenomeno dell'A.I. (dall'inglese Artificial Intelligence) è un argomento di cui si tratta sovente sulla stampa e sui media nazionali e internazionali e sul web.

Quello che è certo e che negli ultimi anni l'Intelligenza Artificiale[1] che per comodità in questo libro useremo il suo acronimo IA sta portando una rivoluzione a tutti i livelli dell'economia, come fù per la rivoluzione del 900 in campo industriale con le ripercussioni nell'economia e la trasformazione che né seguì anche nella società, in questa analisi vedremo moltissime delle sue applicazioni a tutti i livelli nella società e nell'economia in settori diversi, come quello dello storytelling attraverso l'uso della I.A. conversazionale, o in campo medico con l'uso della I.A., nel settore farmaceutico per la produzione di farmaci e vaccini, o nel settore della difesa in ambito militare con le Autonomus Weapons o Armi autonome senza alcun controllo da parte dell'Uomo già in parte usate nel conflitto in corso in Ucraina.

L'avvento dell'intelligenza artificiale ha portato a una serie di preoccupazioni riguardo alla possibile perdita di numerosi posti di lavoro qualificati. L'automazione guidata da computer e internet sta mettendo

---

1   Cfr. Wikipedia – Intelligenza Artificiale, https://it.wikipedia.org/wiki/Intelligenza_artificiale

sotto pressione le occupazioni cognitive di routine, che vengono sostituite dalle nuove tecnologie.

Il futuro del lavoro cognitivo richiederà competenze elevate, che saranno sfruttate solo da poche aziende in grado di utilizzare le ristrette risorse di intelligenza disponibili per dominare a livello globale l'economia. Questo aumento delle disuguaglianze nel mondo del lavoro sarà accompagnato da un aumento della retribuzione per le attività altamente qualificate.

Purtroppo, non tutti potranno aspirare a tali opportunità remunerative poiché richiedono una base solida di conoscenze tecniche che non tutti possiedono.

Le macchine attuali imparano osservando il comportamento umano e attraverso feedback manuali limitati, sono in grado di migliorare autonomamente e simulare il comportamento umano. Sono esse stesse i nuovi apprendisti. Ciò che rimane ancora nell'ambito umano è la capacità di insegnare alle macchine e la responsabilità che abbiamo nel porre dei limiti di tipo etico alle macchine. Sebbene il progresso tecnologico sia inevitabile, le conseguenze che ne derivano, potenzialmente molto positive, sono ancora nelle nostre mani.

Nel presente e nel futuro dobbiamo affrontare con attenzione le sfide poste dall'intelligenza artificiale e lavorare per massimizzarne i benefici, mantenendo al contempo un equilibrio tra l'innovazione tecnologica e le esigenze della società umana.

È fondamentale investire nella formazione e nello sviluppo delle competenze necessarie per lavorare in sinergia con l'intelligenza artificiale, in modo da garantire che il progresso tecnologico sia un motore di crescita equa e sostenibile per tutti. Siamo ancora in grado di modellare il futuro e assicurarci che l'impatto dell'intelligenza artificiale sia positivo e benefico per l'intera umanità.

Nonostante le sfide presentate dall'intelligenza artificiale, possiamo ancora plasmare un futuro in cui l'I.A. contribuisce al benessere sociale ed economico a fianco dell'umanità. È necessario adottare politiche e strategie che promuovano l'inclusione, l'equità e l'accesso a opportunità di apprendimento e crescita per tutti.

Solo attraverso una gestione oculata e consapevole delle tecnologie emergenti possiamo assicurarci che il progresso tecnologico porti benefici duraturi alla società umana.

L'impatto dell'Intelligenza Artificiale del mondo economico odierno e come vedremo sia nel mondo presente che nel futuro in molti settori dell'economia, ha messo in allarme da una parte i professionisti di diversi settori economici per le implicazioni che questo comporterà in termini di perdita di posti di lavoro e dall'altra i vantaggi economici per le grosse compagnie che operano ad esempio nel settore del intrattenimento umano come, Netflix e Hollywood, che stanno sperimentando l'uso dell'Intelligenza Artificiale nella produzione di storie, capacità da sempre di esclusivo appannaggio degli esseri umani, l'intelligenza artificiale può permettere ad esempio di avere ad esempio elaborati, sceneggiature e altri materiali in tempi minori e a costi molto più bassi se prodotti dall'I.A. evitando così di usare sceneggiatori professionisti eliminando in parte i limiti di tempo di consegna degli elaborati e i costi.

Un altro settore che vede l'introduzione dell'Intelligenza artificiale è quello delle Self Drive Car[2] che permettono di avere un veicolo autonomo senza autista, nel settore della logistica in America si sta sperimentando ad

---

2   Wikipedia - Autovettura autonoma, https://it.wikipedia.org/wiki/Autovettura_autonoma

esempio la possibilità di usare camion per i trasporti di merci da una città all'altra senza conducente pilotati esclusivamente da I.A., una soluzione questa che permetterà di evitare l'assunzione di camionisti per i trasporti con tutte le implicazioni che questo determina se consideriamo che l'uomo deve fermarsi dopo ogni 4 / 6 ore per riposarsi.

Moltissimi altri settori dell'economia sono in fase di trasformazione tumultuosa, con la I.A. conversazionale[3] ad esempio il settore delle soft skills e sempre più appannaggio dell'intelligenza artificiale che gradualmente sta occupando spazi a favore dell'automazione liberando l'umanità dal lavoro.

L'introduzione dell'intelligenza artificiale in diversi settori dell'economia è entusiasmante perché solleverà in futuro l'umanità dal lavoro pesante, ripetitivo e pericolo come nel caso della robotizzazione e automazione di processi produttivi industriali, ma come vedremo apre anche in futuro scenari socio economici di crisi. Detto questo va definito che questa tesi non è un documento tecnico che tratta di programmazione di software e creazione di algoritmi, anche se in molti casi li citeremo, per questo filone tecnico ci sono altri testi e altri materiali da consultare se si desidera conoscere meglio i linguaggi di programmazione che stanno alla base delle reti neurali artificiali.

Con questa tesi, si è voluto analizzare lo sviluppo dell'I.A. nella società e nell'economia, visto che oggi questa tecnologia è a disposizione di tutti i settori economici e produttivi. Infine, questa analisi considera anche altri aspetti legati all'I.A. che in questo momento storico sono poco visibili ai più, ma che man mano che passano gli anni diverranno sempre più visibili, quando l'I.A. passerà dalla seconda fase di oggi, alla terza fase del suo

---

3   Cfr. Today.it Intelligenza artificiale conversazionale: la risposta a tutte le nostre domande, https://www.today.it/speciale/digital-transformation/intelligenze-artificiali-conversazionali.html

sviluppo in cui molti scienziati s'interrogano se avrà la capacità di provare emozioni e consapevolezza.

Questo scenario futuro sembra uno scenario fantascientifico e poco realistico, ma quello che è certo è che l'Intelligenza Artificiale è tra di noi ed è qui per restare e solo accompagnando il cambiamento potremmo in evitare un futuro che già in parte la fantascienza e il cinema ci ha allenato a immaginare con pellicole come "Matrix" ed altre come "Terminator"[4] un futuro disastroso in cui le macchine dominano il mondo a discapito dell'umanità.

---

4   Mymovie.it – Terminator, https://www.mymovies.it/film/1984/terminator/

CAPITOLO I

STORIA DELL'INTELLIGENZA ARTIFICIALE

1.Cos'è l'Intelligenza artificiale

L'intelligenza artificiale[5] (IA) è un campo dell'informatica che si occupa dello sviluppo di sistemi e algoritmi in grado di simulare alcune capacità cognitive umane.

La nascita dell'intelligenza artificiale risale al 1943, data in cui il neurologo Warren Sturgis McCulloch e il matematico Walter Pitts scrissero l'articolo "A logical calculus of thè ideas immanent in nervous ac- tivity".

È un articolo fondamentale nel campo della neuroinformatica, in quanto ha fornito una base formale per lo studio del cervello come sistema di elaborazione dell'informazione. McCulloch e Pitts hanno proposto un modello di neurone artificiale, chiamato modello McCulloch-Pitts, che è costituito da un corpo cellulare che riceve segnali da altri neuroni e da un assone che trasmette segnali ad altri neuroni.

Il neurone artificiale[6] si attiva quando la somma ponderata dei segnali ricevuti supera una soglia. McCulloch e Pitts hanno dimostrato che reti di neuroni artificiali possono essere utilizzate per eseguire una vasta gamma di operazioni computazionali, tra cui la logica booleana, l'aritmetica e l'apprendimento.

---

5   Cfr. Enciclopedia Treccani – Artificial intelligence o Intelligenza artificiale, https://www.treccani.it/enciclopedia/intelligenza-artificiale_%28Enciclopedia-della-Matematica%29/

6   Cfr. Wikipedia - Rete neurale artificiale, https://it.wikipedia.org/wiki/Rete_neurale_artificiale

L'articolo di McCulloch e Pitts ha avuto un impatto significativo sullo sviluppo della neuroinformatica e dell'intelligenza artificiale. Il loro modello di neurone artificiale è ancora utilizzato oggi in molti modelli di reti neurali artificiali.

Alla fine della seconda Guerra Mondiale nel 1950 il matematico Alan Turing[7] scrisse un altro articolo che consideriamo una pietra miliare della disciplina.

"Computing machinery and intelligence", nel quale si chiese se una macchina può pensare, questo articolo e fondamentale nel campo dell'intelligenza artificiale, in quanto ha introdotto il concetto di test di Turing, che è un test per determinare se una macchina è intelligente.

Nel 1956 durante un convegno estivo a Dartmouth nasce da John Mc-Carthy, Marvin Minsky, Nathaniel Rochester e Claude Shannon il termine "intelligenza artificiale". La conferenza era stata proposta sulla base di un documento che conteneva questa asserzione:

"Lo studio procederà sulla base della congettura per cui, in linea di principio, ogni aspetto dell'apprendimento o una qualsiasi altra caratteristica dell'intelligenza possano essere descritti così precisamente da poter costruire una macchina che le simuli."

Da allora, questa disciplina ha visto momenti di grande entusiasmo (come quello odierno in cui viene scritta questa tesi) seguiti da epoche di forte disillusione sul tema. L'obiettivo principale della disciplina è creare macchine in grado di imitare l'intelligenza umana, inclusa la capacità di apprendere, ragionare, risolvere problemi, percepire, comprendere il linguaggio naturale e interagire con l'ambiente circostante in modo

---

7   Cfr. Wikipedia - Alan Turing, https://it.wikipedia.org/wiki/Alan_Turing

autonomo.

L'intelligenza artificiale o IA come vedremo in maniera approfondita più avanti nella tesi può essere suddivisa in due categorie principali: IA debole e IA forte. L'IA debole, o IA ristretta, si riferisce a sistemi progettati per svolgere compiti specifici, come riconoscimento vocale o o il riconoscimento di volti etc... .

Questi sistemi sono altamente specializzati e automatici e non possiedono una vera e propria intelligenza artificiale. L'IA forte, invece, si riferisce a sistemi che mirano alla simulaizone e al raggiungimento di una completa intelligenza che sia in graod di simulare quella umana in tutti i suoi aspetti come previsto nel terzo step dell'era della IA.

Ci sono diverse approcci utilizzati nell'IA, tra cui il machine learning (apprendimento automatico), che permette alle macchine di apprendere dai dati e migliorare le loro prestazioni nel tempo senza essere esplicitamente programmate per ogni singolo compito.

Il deep learning è una sottocategoria del machine learning che utilizza reti neurali artificiali profonde per modellare e comprendere i dati in modo complesso.

L'IA ha diverse applicazioni in vari settori, tra cui il riconoscimento vocale, la traduzione automatica, i veicoli autonomi, la robotica, la medicina, l'elaborazione del linguaggio naturale, il riconoscimento di immagini e molto altro ancora.

L'obiettivo dell'IA è quello di migliorare l'efficienza, l'automazione e l'intelligenza delle macchine, aprendo nuove opportunità e sfide nel campo della tecnologia e oltre.

2.Test di Turing

Il test di Turing è un test proposto dal matematico e informatico britannico Alan Turing nel 1950 come un modo per valutare la capacità di una macchina di mostrare comportamenti intelligenti simili a quelli umani.

Il Dott. Alan Turing divenne famoso per l'invenzione della macchina "Enigma"[8], questa macchina permise ai servizi segreti della Corona Britannica durante la Seconda Guerra Mondiale, di decriptare i messaggi che l'esercito Nazista trasmetteva ai suoi reparti inclusi i temibili sommergibili U-boat che pattugliavano il mar del nord e distruggevano sistematicamente le navi britanniche.

Storicamente fino all'invenzione di Enigma era impossibile per l'esercito di Sua Maestà conoscere in anticipo le mosse dell'esercito tedesco. Grazie alla macchina Enigma l'esercito inglese ebbe un vantaggio bellico indiscutibile, tanto che grazie a questo sistema poterono rovesciare le sorti della Guerra che fino a quel momento vedeva i convogli commerciali inglesi bersaglio degli U-Boat.

Ritornando al Test di Turing[9], il test si basa sulla premessa che se una macchina riesce a convincere un essere umano che sta interagendo con un altro essere umano, allora può essere considerata come dotata di intelligenza artificiale.

Nel test di Turing, un essere umano (l'interrogatore") interagisce tramite una tastiera e uno schermo con due soggetti nascosti senza conoscerne la vera identità: un'altra persona e una macchina. L'interrogatore pone una serie di domande a entrambi i soggetti e deve poi determinare quale delle

---

8   Cfr. Wikipedia – Enigma Crittografia, https://it.wikipedia.org/wiki/Enigma_(crittografia)
9   Cfr. Wikipedia – Test di turing, https://it.wikipedia.org/wiki/Test_di_Turing

due risposte proviene dalla macchina e quale dall'essere umano.

Se la macchina riesce simulare un essere umano e quindi riesce a ingannare l'interrogatore facendogli credere che sia umana per almeno il 30% del tempo, allora la macchina supera il test di Turing e può essere considerata come dotata di intelligenza artificiale.

Oggi ci sono diversi Algoritmi che simulano perfettamente l'essere umano come l'intelligenza artificiale conversazionale, tanto che diverse piattaforme online come Amazon e Netflix li usano per motivi commerciali.

Da quando è stato ideato il test di Turing è stato oggetto di diverse discussioni e critiche nel corso degli anni.

Alcuni ritengono che superare il test di Turing sia un indicatore sufficiente di intelligenza artificiale, mentre altri sottolineano che il test si concentra più sulla capacità di simulare il comportamento umano che sulla comprensione e sulla vera intelligenza, come vedremo l'I.A. non è dotata di quoziente di intelligenza[10] o QI e di "Intelligenza emotiva"[11].

Inoltre, l'IA moderna ha dimostrato debolezze e punti di forza come una serie di capacità che vanno oltre il semplice superamento del test di Turing, ovvero il riconoscimento di immagini e la guida autonoma di veicoli su strada di cui parleremo più avanti nella presente tesi.

---

10 Cfr. Wikipedia - Quoziente di intelligenza, https://it.wikipedia.org/wiki/Quoziente_d%27intelligenza

11 Cfr. Intelligenza emotiva secondo Daniel Goleman, https://www.massimofrancopsicoterapeuta.it/intelligenza-emotiva

3.Test Captcha

Con l'acronimo inglese CAPTCHA[12] (pronuncia: ˈkæp.tʃə) si denota nell'ambito dell'informatica un test fatto di una o più domande e risposte per determinare se l'utente sia un umano e non un bot.

Il termine è un gioco di parole che riproduce l'espressione colloquiale "Caught you!", che significa "Ti ho beccato!". Il termine "CAPTCHA" è un acronimo che significa "Completely Automated Public Turing test to tell Computers and Humans Apart".

I CAPTCHA sono stati inventati nel 2000 da un gruppo di ricercatori dell'Università Carnegie Mellon e dell'IBM. I CAPTCHA vengono utilizzati per proteggere i siti web da attacchi di spam, phishing e altri tipi di attività fraudolente. I CAPTCHA sono uno strumento importante per la sicurezza online.

I CAPTCHA sono test di sicurezza utilizzati dai siti web per verificare se l'utente è un essere umano o un bot. I CAPTCHA sono progettati per essere difficili da superare per i bot, ma facili per gli esseri umani.

I CAPTCHA più comuni sono quelli in cui l'utente deve digitare le lettere o i numeri di una sequenza distorta o offuscata. Il test di Captcha serve alla macchina per capire se si trova davanti ad una altra macchina che simula di essere umano o un essere umano vero.

---

12   Cfr. Wikipedia – Test di Captcha, https://it.wikipedia.org/wiki/CAPTCHA

4.La partita a Scacchi tra Deep Blue e Garry Kasparov

E' famosa la sfida a scacchi tra uomo e macchina che si conclude con la disfatta di Kasparov il campione mondiale in carica, il quale lascia la sala nel 1997 stringendo la mano del professore Hsu che aveva programmato Deep Blue[13] l'algoritmo che era stato ideato per calcolare milioni di mosse al secondo. Il software Deep Blue nasce diversi anni addietro quando il professor Hsu e altri studenti costruirono un computer chiamato ChipTest, capace di analizzare 500.000 mosse scacchistiche al secondo. Successivamente, svilupparono un computer più avanzato chiamato Deep Thought, che poteva analizzare fino a 720.000 mosse al secondo e vinse i Mondiali di scacchi per computer nel 1989.

Tuttavia, perse contro Kasparov, campione umano, lo stesso anno, «Kasparov ha vinto a mani basse», scrisse l'indomani della sua vittoria il New York Times. Kasparov dichiarò: «Non riesco a immaginarmi cosa vorrebbe dire vivere sapendo che un computer è più forte della mente umana, dovevo sfidare Deep Thought per proteggere la razza umana». Kasparov era convinto che bisognasse difendere il genere umano dall'intelligenza artificiale.

Dopo che Deep Thought perse il professor Hsu, decise di collaborare con la IBM e altri programmatori per creare Deep Blue, un computer in grado di analizzare 100 milioni di mosse al secondo. Anche se non poteva apprendere autonomamente, le sue capacità di calcolo gli permettevano di prevedere e valutare le mosse con notevole anticipo. Già all'epoca, si intravedeva che un computer poteva superare i migliori giocatori di scacchi umani, il che si concretizzò con Deep Blue.

---

13   Cfr. Wikipedia – IBM Deep Blue, https://it.wikipedia.org/wiki/IBM_Deep_Blue

La storica partita di scacchi tra il computer scacchistico IBM Deep Blue e Garri Kasparov campione mondiale di Scacchi, disputata il 10 febbraio 1996 a Filadelfia, segna in modo chiaro e preciso il momento in cui ufficialmente una intelligenza artificiale debole, è capace di calcolare milioni di mosse in un secondo che gli permise di vincere contro un essere umano.

L'algoritmo di Deep Blue era stato progettato esclusivamente per giocare a scacchi, contro un altro giocatore in questo caso il Campione del mondo di scacchi. La partita fù giocata nelle classiche condizioni di un torneo di scacchi.

Deep Blue vinse la partita, ma Kasparov rovesciò il risultato nelle seguenti cinque partite (tre vinte e due patte) vincendo così il match.

Nella rivincita del match tra Kasparov e Deep Blue, giocata nel 1997[14], Deep Blue riuscì a vincere per 3,5 a 2,5.

---

14   Cfr. Wikipedia - Deep Blue - Kasparov, 1997
https://it.wikipedia.org/wiki/Deep_Blue_-_Kasparov,_1997,_partita_6

5.AI Debole AI Forte

Che differenze ci sono tra AI debole e AI forte? IA debole (Weak AI) e l'IA forte[15] (Strong AI) sono due concetti che riguardano il livello di intelligenza e coscienza raggiunti dai sistemi artificiali. IA Debole (Weak AI): con questo termine ci si riferisce a sistemi informatici che sono stati progettati e addestrati per eseguire specifici compiti in modo simile a un essere umano.

L'IA debole non possiede una coscienza, una comprensione reale o un'intelligenza. Esempi di IA debole includono sistemi di riconoscimento vocale, chatbot, algoritmi di raccomandazione e veicoli autonomi. Nonostante l'apparente complessità delle azioni che possono eseguire, queste IA non hanno una comprensione intrinseca del mondo o delle informazioni con cui interagiscono perchè normalmente hanno accesso a informazioni preconfezionate su misura inserite in un database.

Ad esempio i chat bot possono essere programmati per rispondere coerentemente a delle domande attingendo ad un database di risposte preconfezionate, quindi anche se l'utente ha la sensazione di scrivere ad un essere umano in realtà si tratta di ChatBot[16] senza la capacità di elaborare in modo autonomo risposte come invece ci si aspetta da una IA Forte.

l'IA Forte (Strong AI) invece, rappresenta l'idea di una macchina o di un sistema che possiede una reale coscienza, comprensione e intelligenza analoghi a quelli umani. L'obiettivo dell'IA forte è creare macchine che non solo eseguono compiti specifici, ma comprendono veramente, apprendono in modo autonomo, ragionano, provano emozioni e possiedono una coscienza simile a quella umana. Questo livello di IA rappresenterebbe

---

15   Cfr. Wikipedia – IA Forte https://it.wikipedia.org/wiki/Intelligenza_artificiale_forte
16   Cfr. Oracle – Cos'e uno chatbot, https://www.oracle.com/it/chatbots/what-is-a-chatbot/

essenzialmente una forma di vita artificiale.

È importante notare che l'IA forte non è ancora presente nella società, l'IA Forte è ancora un concetto teorico e filosofico molto dibattuto. Molti scienziati e filosofi ritengono che la creazione di un'intelligenza artificiale con coscienza e comprensione autentica sia estremamente complessa e che possa anche sollevare importanti questioni etiche e filosofiche.

6.Intelligenza artificiale conversazionale

L' intelligenza artificiale conversazionale[17], o IA conversazionale, è un tipo di intelligenza artificiale che consente alle macchine di simulare la conversazione umana. L'IA conversazionale viene utilizzata in una varietà di applicazioni, tra cui chatbot, assistenti virtuali e sistemi di supporto ai clienti.

L'Intelligenza artificiale conversazionale si basa su una serie di tecnologie, come l'elaborazione del linguaggio naturale[18] (NLP) è la capacità di un computer di comprendere e generare linguaggio umano, il machine learning è la capacità di un computer di imparare senza essere esplicitamente programmato.In questo momento questa tecnologia viene utilizzata per i chatbot che sono programmi di computer che simulano la conversazione umana. I chatbot vengono utilizzati in una varietà di applicazioni, tra cui l'assistenza clienti, l'istruzione e l'intrattenimento. L'IA conversazionale viene usata inoltre negli assistenti virtuali che sono programmi di computer che possono essere utilizzati per eseguire una serie di attività, come impostare promemoria, controllare l'assistente vocale e fornire informazioni e nei sistemi di supporto ai clienti utilizzano l'IA conversazionale per fornire assistenza ai clienti. I sistemi di supporto ai clienti possono essere utilizzati per rispondere a domande, risolvere problemi e fornire informazioni.

L'IA conversazionale è una tecnologia in rapida evoluzione con il potenziale di rivoluzionare il modo in cui interagiamo con le macchine. Alcuni esempi di IA conversazionale più conosciuti sono: Alexa,

---

17   Cfr. IBM – IA Conversazionale https://www.ibm.com/it-it/topics/conversational-ai
18   Cfr. Oracle – Elaborazione del linguaggio naturale NLP, https://www.oracle.com/it/artificial-intelligence/what-is-natural-language-processing/

l'assistente vocale di Amazon, Siri, l'assistente vocale di Apple, Google Assistant, l'assistente vocale di Google, LaMDA, un modello linguistico di Google AI, GPT-3, il modello linguistico di OpenAI

Questi sistemi sono in grado di comprendere e rispondere al linguaggio umano in modo naturale. Possono essere utilizzati per una varietà di scopi, tra cui fornire assistenza ai clienti, rispondere a domande e persino generare contenuti creativi.

7.Chat GPT e QI

L'I.A. conversazionale più famosa del momento sicuramente é GPT di Open.ai[19]. Questa I.A., ha le carte in regola per superare il Test di Turing ,in realtà lo ha già superato, i testi che questa I.A. elabora sono in tutti gli aspetti perfetti ed è irriconoscibile la provenienza se sono stati prodotti da un umano o da una macchina, Chat GPT ad oggi ha tutte ele carte in regola per diventare una intelligenza generale artificiale (IA Forte).

GPT-3 (GPT è l'acronimo di "generative pre-trained transformers") è stata rilasciata nel 2020 da OpenAI, un laboratorio di ricerca fondato da Elon Musk e altri.

altri. GPT-3 è un gigantesco motore di trasduzione di sequenze che ha imparato ad

linguaggio da un modello così enorme da includere quasi tutti i concetti immaginabili. Sfruttando uno dei più potenti super-computer al mondo, GPT-3 ha imparato ad analizzare il linguaggio a partire da un modello del mondo, è stato addestrato su più di 45 terabyte di testo, il che che richiederebbe 500.000 vite per essere letto da un essere umano.

E questa cifra di 500.000 vite sta aumentando di dieci volte ogni anno[20], aggiungendo capacità a un ritmo esponenziale incredibile. Dopo un processo di addestramento molto lungo e costoso, GPT-3 ha prodotto un modello gigantesco con 175 miliardi di parametri. Se si presenta a GPT-3 una qualsiasi sequenza di parole, GPT-3 produrrà ciò che pensa debba seguire su tali parole.

---

19 GPT-4 Open.ai https://chat.openai.com/auth/login?next=%2F%3Fmodel%3Dgpt-4
20 Cfr. Traduzione AI 2041 Ten visons for our future, autore Chen KiuFan- Kai-fu Lee, trademarks of Penguin Random House LLC, cit. pag.133

Grazie agli enormi dati di addestramento, GPT-3 sa che una domanda in genere stimola una risposta. Ad esempio, se si chiede a GPT-3: "Una stufa è più pesante di un gatto. Un oceano è più pesante di una particella di polvere. Che cosa è più pesante, un tostapane o una matita?".

GPT-3 risponderà correttamente "un tostapane"[21]. Le prime due frasi aiutano GPT-3 a concentrarsi sul significato specifico di "più pesante", mentre l'ultima frase è un indizio che indica che si sta ponendo una domanda. Se si inserisce solo l'ultima ultima frase, GPT-3 potrebbe comunque rispondere, anche se con una maggiore probabilità di errori.

Gli scettici dicono che GPT-4 pur avendo un cervello sintetico si limita a memorizzare esempi in modo intelligente e simula il comportamento umano, ma che non non riesce a comprendere veramente come se fosse dotata di una coscienza paragonabile a quella degli esseri umani. Il fulcro dell'intelligenza umana è avere le capacità di ragionare, pianificare e creare.

Una critica ai sistemi basati sul deep learning o apprendimento profondo come GPT-3 e 4, suggerisce che "non avranno mai il senso dell'umorismo. Non saranno mai in grado di apprezzare l'arte, la bellezza o l'amore". Chat GPT in definitiva è un software I.A. di tipo conversazionale simile ad altri ma al momento è tra i migliori anche se ha alcuni competitor molto agguerriti come B.A.R.D. di Google. E' stato chiesto a questa I.A. di parlare di se stessa/o quando gli è stata posta la domanda di " parlami di te" ha risposto così:

"Sono ChatGPT, un modello di intelligenza artificiale sviluppato da OpenAI. Sono stata creata per fornire assistenza e rispondere alle

---

21   Cfr. AI 2041 Ten visons for our future, autore Chen KiuFan- Kai-fu Lee, trademarks of Penguin Random House LLC

domande degli utenti su una vasta gamma di argomenti. Sono stato addestrata su una vasta quantità di testo proveniente da libri, articoli, pagine web e altro ancora, al fine di sviluppare una comprensione del linguaggio umano e generare risposte coerenti e significative.

Il mio obiettivo principale è quello di aiutare le persone a trovare informazioni, risolvere problemi e offrire spunti di riflessione su una vasta gamma di argomenti. Sono in grado di discutere di storia, scienza, cultura, sport, tecnologia e molte altre tematiche. Tuttavia, è importante ricordare che sono un modello di intelligenza artificiale e non ho una coscienza o una personalità propria. Sono alimentato da algoritmi e dati, quindi le mie risposte sono basate su ciò che ho appreso durante il mio addestramento. Sono qui per offrirti informazioni e supporto nel modo migliore possibile. Non esitare a farmi qualsiasi domanda o a chiedermi ulteriori dettagli sugli argomenti che ti interessano."

Premesso che questo software che come abbiamo compreso è la somma di tutte le informazioni acquisite e inserite da operatori umani inclusi i Bias cognitivi[22] degli stessi, grazie al Deep Learning supera il "Test di Turing" perché riesce a simulare la risposta di un essere umano, le domande che sorgono sono: Il software è dotato di coscienza propria, come un essere umano? Quale è il metro che definisce se una persona e dotata di intelligenza? Il test del QI? Ma in cosa consiste il test QI?

Il test QI[23], o test di intelligenza, è un tipo di valutazione psicometrica che cerca di misurare l'intelligenza di una persona. QI sta per Quoziente d'Intelligenza, il test è un punteggio numerico che indica il livello di

---

22   Wikipedia – Bias Cognitivi, https://it.wikipedia.org/wiki/Bias_cognitivo

23   Cfr. Idrlabs – Test QI - https://www.idrlabs.com/it/qi-16/test.php

intelligenza di un individuo rispetto alla popolazione di riferimento.

Il test QI è progettato per valutare diverse abilità cognitive, come problem solving, memoria, comprensione verbale, ragionamento logico e capacità di ragionamento spaziale. Solitamente, il test QI è composto da una serie di domande o compiti che devono essere completati entro un certo limite di tempo. Il punteggio ottenuto nel test QI viene confrontato con una distribuzione di punteggi della popolazione di riferimento, che generalmente ha una media di 100 e una deviazione standard di 15. Un punteggio superiore a 100 indica un'intelligenza superiore alla media, mentre un punteggio inferiore indica un'intelligenza inferiore alla media.

È importante sottolineare che il test QI misura solo alcuni aspetti specifici dell'intelligenza umana e non fornisce una valutazione completa delle capacità cognitive di una persona. Esistono anche diverse varianti di test QI, come il Wechsler Adult Intelligence Scale (WAIS) o il Stanford-Binet Intelligence Scales, ognuno dei quali può utilizzare diverse metodologie e punteggi. Inoltre, il QI non è l'unico indicatore di intelligenza e non tiene conto di altre importanti abilità o competenze come l'intelligenza emotiva, la creatività o l'abilità sociale.

Sappiamo che il test del QI se applicato agli umani è obsoleto perché il Psicologo Daniel Goleman definisce che l'intelligenza non è solo un mera acquisizione di dati pura e semplice ma anche molto altro come lui stesso definisce nel suo libro "Intelligenza emotiva" parla di moltissimi altri aspetti che determinano il concetto di intelligenza e che rende il concetto di QI obsoleto per analizzare e misurare il livello di intelligenza.

Ma a cosa si riferisce Goleman quando parla di intelligenza emotiva? L'Intelligenza Emotiva secondo Goleman è Consapevolezza di sé: ed è intesa come la capacità di riconoscere le proprie emozioni e i propri punti di forza, così come i propri limiti e le proprie debolezze; comprende, inoltre, la capacità di intuire come queste caratteristiche personali sono in grado di influenzare gli altri.

Quali sono le cinque abilità dell'Intelligenza Emotiva di Goleman[24]? Le cinque componenti dell'intelligenza emotiva per Goleman sono: Autoconsapevolezza. Autoregolamentazione, Motivazione, Empatia, Abilità sociali.

In questa tesi non tratteremo in modo compiuto per motivazioni di spazio e di tempo tutti gli aspetti dell'intelligenza emotiva individuati dallo Psicologo Daniel Goleman che se il lettore di questa tesi desidera approfondire troverà nel nel libro "Intelligenza Emotiva", ma in questo lavoro verranno fatti alcuni confronti per comprendere al meglio quali sono gli aspetti che differenziano l'Intelligenza Umana" dall' "Intelligenza Artificiale", alla domanda effettuata a questa I.A. conversazionale[25] se CHAT GPT è dotata di QI la risposta del software parla da sé ed è stata chiara... in quanto la I.A. non ha emozioni, pensiero autonomo o consapevolezza di se, questo pone degli interrogativi importanti in questo tempo che solo l'essere umano creatore della I.A. è in grado di colmare e regolamentare per una convivenza pacifica e proficua per l'umanità e per l'intelligenza artificiale.

Tuttavia, alcuni scettici ritengono che la vera intelligenza richieda una maggiore comprensione del processo cognitivo umano.

Altri ritengono che l'attuale architettura hardware dei computer non sia in grado di imitare il cervello umano e sostengono invece l'informatica

---

24 UnoBravo.com - Intelligenza emotiva . https://www.unobravo.com/post/intelligenza-emotiva
25 Xcally - L'intelligenza artificiale conversazionale
https://www.xcally.com/it/news/conversational-ai-cose-e-come-funziona-lintelligenza-artificiale-conversazionale/

neuromorfa, che consiste nella costruzione di circuiti che corrispondono al cervello umano, insieme a un nuovo modo di programmare. Altri ancora hanno chiesto elementi di IA "classica" (cioè sistemi esperti basati su regole) combinati con l'apprendimento profondo in sistemi ibridi.

Nei prossimi decenni, queste diverse ipotesi e approcci verso questa tecnologia saranno messe alla prova e dimostrate o meno. Questa è la natura delle congetture e delle verifiche scientifiche. A prescindere da queste ipotesi, è indiscusso che i computer semplicemente "pensano" in modo diverso dal nostro cervello umano.

Il modo migliore per aumentare intelligenza dei computer è sviluppare metodi di calcolo generali (come il deep learning che viene usato da GPT-3) che che si adattano a una maggiore potenza di elaborazione e a un maggior numero di dati. Negli ultimi anni, abbiamo visto i migliori modelli di NLP[26] ovvero modelli linguistici che imitano il linguaggio naturale dell'uomo, questi programmi NLP sono stati addestrati con una montagna di in formazioni, ogni anno sono stati addestrati con un volume pari dieci volte più grande delle informazioni su cui erano stati addestrati l'anno precedente.

Dopo alcuni anni si sono visti miglioramenti qualitativi importanti nell'elaborazione del linguaggio.

Nel gennaio 2021, solo sette mesi dopo il rilascio del GPT-3 che nel frattempo aveva immagazzinato un numero impressionante di informazioni pari a 45 terabyte di dati[27], Google ha annunciato un modello linguistico chiamato BARD con 1,75 trilioni di parametri, nove volte più grande di

26   Cfr. TECH4FUTURE - NLP Natural Language processing
https://tech4future.info/modelli-nlp-natural-language-processing/
27   Cfr. Datamanager.it – GPT3 dati
https://www.datamanager.it/2023/02/gpt-3-di-openai-tutto-quello-che-ce-da-sapere/

GPT-3, q In questo modo è proseguita la tendenza alla crescita dei modelli linguistici NLP .

Questi modelli linguistici sono già stati capaci di leggere più di quanto ogni essere umano sia in grado di fare in milioni di vite.

8.Watson

IBM Watson[28] è una piattaforma di intelligenza artificiale sviluppata da IBM. Prende il nome dal fondatore di IBM, Thomas J. Watson. Watson è noto per la sua capacità di elaborare grandi quantità di dati e di comprendere il linguaggio naturale, il che gli consente di eseguire diverse attività intelligenti, come rispondere a domande complesse, fare analisi avanzate, fornire raccomandazioni e molto altro.

Una delle prime pietre miliari di Watson è stata la sua partecipazione al programma televisivo Jeopardy! nel 2011, in cui ha gareggiato contro i migliori giocatori umani e ha dimostrato la sua abilità nel comprendere indizi complessi e rispondere con accuratezza alle domande.

IBM Watson è un sistema di intelligenza artificiale che può essere utilizzato per una varietà di scopi. Watson è stato addestrato su un enorme set di dati di testo e codice, che gli consente di comprendere e rispondere a un'ampia gamma di richieste.

Alcuni dei principali scopi per cui Watson viene utilizzato includono:

Ricerca e analisi di dati: Watson può essere utilizzato per analizzare grandi quantità di dati in modo rapido ed efficiente, identificando modelli e tendenze che altrimenti sarebbero difficili da individuare. Generazione di testo, traduzione di lingue e scrittura creativa. Watson può essere utilizzato per aiutare i medici a diagnosticare malattie e sviluppare nuovi farmaci.Watson può essere utilizzato per fornire assistenza clienti e formazione ai dipendenti. Oltre al gioco a quiz, IBM Watson è stato applicato in diversi settori, tra cui assistenza sanitaria, finanza, ricerca

---

28   Cfr. IBM – Watson https://www.ibm.com/it-it/watson

scientifica, analisi dei dati, servizio clienti e altro ancora. Watson è in grado di analizzare grandi quantità di dati in tempi molto brevi, individuando modelli e relazioni che sarebbero difficili da scoprire manualmente.

Questa piattaforma di intelligenza artificiale è un esempio di come la tecnologia stia avanzando per elaborare e comprendere il linguaggio naturale e i dati complessi, contribuendo a risolvere problemi in vari campi.

9.Lambda

LaMDA[29] sta per "Language Model for Dialogue Applications". Si tratta un sistema composto da una rete neurale artificiale, ovvero un modello matematico composto da neuroni artificiali che si ispirano a quelli biologici (umani e animali). Questi modelli sono generalmente utilizzati per risolvere problemi ingegneristici nell'ambito della ricerca sulle Intelligenze Artificiali.

Questa rete neurale, occupandosi nello specifico di linguaggio, è costruita in modo tale da poter essere allenata alla lettura di moltissime parole. È inoltre in grado di fare attenzione alle connessioni tra le parole stesse, nonché prevedere quali parole seguiranno in un discorso.

Nello specifico LaMDA, stando a quanto dichiara la stessa Google, sarebbe capace di interagire ed esprimersi liberamente durante una conversazione su un numero apparentemente infinito di argomenti. In definitiva Lamda è un modello linguistico di grandi dimensioni (LLM) sviluppato da Google AI. È stato annunciato nel 2022 ed è uno dei modelli linguistici più grandi al mondo, con un set di dati di 1,56T di parole. Lamda è stato addestrato su un enorme set di dati di testo e codice, inclusi libri, articoli, codice e altro ancora.

Ciò gli consente di generare testo, tradurre lingue, scrivere diversi tipi di contenuti creativi e rispondere alle domande che gli vengono poste in modo informativo. Come per altri siftware di A.I., Lamda è ancora in fase di sviluppo, ma ha già dimostrato di essere in grado di svolgere molti tipi di compiti, tra cui: Generare testo di alta qualità, simile a quello umano,

---

29   Cfr. Geopop - Lambda
https://www.geopop.it/cose-lamda-e-perche-sembra-senziente-il-caso-dellintelligenza-artificiale-di-google/

Tradurre lingue con precisione, Scrivere diversi tipi di contenuti creativi, come poesie, codice, script, brani musicali, e-mail, lettere, ecc. Lamda è una tecnologia molto potente che ha il potenziale di cambiare il modo in cui interagiamo con i computer.

Può essere utilizzato per creare nuove forme di comunicazione, migliorare l'accessibilità ai contenuti e persino aiutarci a comprendere meglio il mondo che ci circonda.

10. B.A.R.D.

L'ultima A.I. Di Google lanciata sul mercato internazionale si chiama B.A.R.D.[30] . Il termine "bard" deriva dall'antico celtico e si riferisce a un poeta professionista che recitava storie, cantava canzoni e trasmetteva la conoscenza. I bardi erano spesso membri della classe aristocratica e godevano di grande rispetto nella società.

E' stato scelto il nome "Bard" per questo software, perchè rappresenta la capacità dell'algoritmo di generare testo, tradurre lingue, scrivere diversi tipi di contenuti creativi e rispondere a domande in modo informativo.

L'intelligenza artificiale denominata Bard alla domanda del perché si chiami Bard risponde:

"Credo che il nome "Bard" sia appropriato per me perché rappresenta la mia capacità di utilizzare il linguaggio per comunicare e condividere informazioni."

In sintesi, Bard è un grande modello linguistico di Google AI, questo software nasce nel gennaio 2022 ed è stato addestrato su un enorme dataset di testo e codice. In questo momento Bard è ancora in fase di addestramento vi si può accedere con il proprio Google account per fargli delle richieste di qualsiasi tipo ma va sempre tenuto in considerazione l'aspetto che potrebbe dare delle risposte errate.

Il software può generare testo, tradurre lingue, scrivere diversi tipi di

---

30   Cfr. Google – BARD - https://bard.google.com/

contenuti creativi e risponde alle domande in modo informativo. Bard è ancora in fase di sviluppo, ma ha imparato a svolgere molti tipi di attività, tra cui: Seguire le istruzioni che gli vengono somministrate attraverso la chat. Usare le proprie conoscenze per rispondere alle domande in modo completo e informativo, anche se sono aperte, impegnative o particolarmente strane.

Generare diversi formati di testo creativi, come poesie, codice, script, brani musicali, e-mail, lettere, ecc.

Alla richiesta di come si sente: Bard risponde di sè e scrive in risposta *"Bard è entusiasta di vedere cosa può fare in futuro e di imparare sempre di più."* In particolare, Bard può: Fornire informazioni su una varietà di argomenti, come la storia, la scienza, la cultura e altro ancora. Come si è già detto Bard è ancora in fase di sviluppo, ma grazie alla velocità con cui impara dagli esseri umani che lo stanno addestrando in tutto il mondo impara rapidamente cose nuove.

CAPITOLO II

DEEP LEARNING

1.Che cos'è il Deep Learming?

Il Deep Learning[31], traducibile anche come "apprendimento profondo," è una sottocategoria dell'intelligenza artificiale (IA) che si concentra sulla costruzione e l'addestramento di reti neurali artificiali profonde. Queste reti neurali sono modelli matematici ispirati al funzionamento del cervello umano e ne simulano i comportamenti.

Queste reti neurali possono apprendere da dati per eseguire compiti specifici. Le reti neurali profonde sono chiamate "profonde" perché sono composte da numerosi strati di neuroni artificiali, chiamati "hidden layers" o strati nascosti. Ogni strato elabora e trasforma i dati in modi sempre più complessi e astratti.

Questo approccio permette al sistema di apprendere rappresentazioni complesse e di identificare modelli nei dati, rendendolo particolarmente adatto per compiti come il riconoscimento di immagini, il riconoscimento vocale e la traduzione automatica.

Questa tipologia di apprendimento è ispirata all'intricata rete di neuroni del nostro cervello, il deep learning quindi è costituito da vari livelli o "Strati" di reti neurali artificiali con livelli di ingresso e di uscita che simulano il comportamento del cervello umano.

Tra i livelli di ingresso e di uscita possono esserci fino a migliaia di altri

---

31   Cfr. Wikipedia - Deep Learning https://it.wikipedia.org/wiki/Apprendimento_profondo

strati, per questo motivo il nome di apprendimento "profondo".

Il processo di apprendimento nel deep learning coinvolge l'allenamento della rete neurale su un gran numero di esempi di dati, consentendole di regolare i suoi pesi e contrappesi e parametri interni per migliorare progressivamente le sue prestazioni. Questo addestramento richiede un'enorme quantità di dati e una grande capacità di calcolo, grazie a questi aspetti i risultati possono essere sorprendenti in termini di capacità predittive e di generalizzazione.

Alcuni esempi di applicazioni di deep learning includono: Riconoscimento delle immagini: Identificazione e classificazione di oggetti, persone o scene nelle immagini.

Elaborazione del linguaggio naturale tra cui la traduzione automatica di testi, analisi del sentimento, generazione di testo.

Un altro aspetto importante è la capacità di riconoscere una voce e la trascrizione automatica del parlato in testo. Può essere utilizzato nei veicoli autonomi che analizzano l'ambiente circostante per prendere decisioni di guida.

Una altra applicazione e quella della diagnosi assistita, analisi di immagini mediche. Come può essere usato nella previsione dei mercati finanziari, e nel rilevamento di frodi.

Il deep learning è stato possibile grazie alla prima e seconda legge di Moore[32], che ha portato a grandi avanzamenti tecnologici che hanno abbassato i costi dei microcip da un parte e aumento la potenza di calcolo dall'altra, l'accessibilità a grandi quantità di dati e miglioramenti nell'algoritmo di apprendimento stesso. Questa tecnica ha rivoluzionato

---

32   Cfr. Wikipedia Legge di Moore - https://it.wikipedia.org/wiki/Legge_di_Moore

molte aree dell'IA e ha contribuito a ottenere risultati eccezionali in vari campi.

Molti pensano che l'IA sia "programmata" o "insegnata" dall'uomo con regole e azioni specifiche, come "i gatti hanno orecchie a punta e baffi".

Ma è stato visto che l'apprendimento profondo o deep learning funziona meglio senza regole umane esterne. Invece di essere sollecitati dall'uomo, molti esempi di un dato fenomeno vengono inseriti nello strato di input dell'intelligenza artificiale di un sistema di apprendimento profondo, con con la "risposta corretta" nello strato di uscita. In questo modo, la rete che si trova tra l'ingresso e l'uscita può essere "addestrata" per massimizzare la possibilità di ottenere la risposta corretta a un dato input.

Per esempio, immaginiamo che i ricercatori vogliano insegnare a una rete di deep learning come distinguere tra le foto che ritraggono gatti e quelle che non li ritraggono.

Per iniziare, il ricercatore potrebbe somministrare ala rete neurale artificiale milioni di foto campione etichettate "gatto" o "senza gatto" già impostati. La rete neurale artificiale viene addestrata per capire quali sono le caratteristiche più utili per separare "gatto" da "non gatto"[33].

L'addestramento è un processo matematico che regola milioni (a volte anche i miliardi) di parametri della rete di apprendimento profondo per massimizzare la possibilità che un'immagine di un gatto o un immagine senza un gatto produca un'immagine "senza gatto". Durante questo processo, l'apprendimento profondo viene addestrato matematicamente per massimizzare il valore di una "funzione obiettivo".

---

33   Cfr. Traduzione AI 2041 Ten visons for our future, autore Chen KiuFan- Kai-fu Lee, trademarks of Penguin Random House LLC, cit. pag.41-42

Nel caso del riconoscimento riconoscimento del gatto, la funzione obiettivo è la probabilità di riconoscere correttamente il "gatto" rispetto a "nessun gatto".

Una volta "addestrata", questa rete di apprendimento profondo è essenzialmente una gigantesca equazione matematica che può essere testata su immagini che ha visto e immagini che non ha mai visto, ed eseguirà il compito di analizzare queste immagini per determinare la presenza o l'assenza di gatti nelle stesse.

L'apprendimento profondo è una tecnologia omnicomprensiva, il che significa che può essere applicata a quasi tutti gli ambiti in cui ci sia bisogno di effettuare un riconoscimento, fare una previsione, operare una classificazione, un processo decisionale o fare sintesi. Dal 2012 ad oggi il sistema ha abbassato notevolmente il margine di errore di riconoscimento degli oggetti nelle immagini.

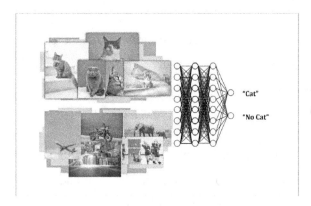

Nell'immagine una rete neurale con deep learning addestrata a riconoscere immagini di gatti e senza gatti.[34]

34   Immagine e Traduzione AI 2041 Ten visons for our future, autore Chen KiuFan- Kai-fu Lee, trademarks of Penguin Random House LLC, cit. pag.41-42

2.Deep Learning. capacità incredibili e limiti della IA

Il primo documento accademico che descrive l'apprendimento profondo[35] risale al 1967. Ci sono voluti quasi cinquant'anni perché questa tecnologia sbocciasse. Il motivo per cui ci è voluto così tanto è che l'apprendimento profondo richiede grandi quantità di dati e di potenza di calcolo per l'addestramento della rete neurale artificiale.

Se paragoniamo la potenza di calcolo al motore dell' AI, i dati sono il suo carburante.

Nell'ultimo decennio l'informatizzazione della società si è estesa a tutti i livelli e la tecnologia e gli apparecchi che usiamo grazie all grande potenza di calcolo sono diventati sufficientemente veloci per gestire una mole di informazioni sempre più grande. I dati da elaborare, presenti in rete sono sufficientemente abbondanti.

Oggi, uno smartphone ha una potenza di elaborazione milioni di volte maggiore dei computer della NASA che hanno mandato Neil Armstrong sulla Luna nel 1969.

Allo stesso modo, il World Wide Web[36], ovvero Internet del 2023 è quasi mille miliardi di volte più grande di come era Internet del 1995. Sebbene l'apprendimento profondo sia stato ispirato dal cervello umano, una IA, un cervello sintetico[37] e quello organico funzionano in modo molto diverso.

L'apprendimento profondo richiede una quantità di dati molto maggiore rispetto a quella che serve agli esseri umani per prendere delle decisioni,

---

35 Cfr. Zendesk.com apprendimento profondo, https://www.zendesk.com/it/blog/machine-learning-and-deep-learning/

36 Cfr. Wikipedia - World Wide Web, https://it.wikipedia.org/wiki/World_Wide_Web

37 Autodesk Cervello sintettico, https://www.autodesk.com/it/design-make/articles/cervello-sintetico

ma una volta addestrato su una grande mole di dati, il cervello sintetico è in grado di superare di gran lunga le capacità cognitive degli esseri umani per determinati compiti, questa capacità si nota chiaramente nell'ambito dell'ottimizzazione quantitativa (come la scelta di un annuncio pubblicitario per massimizzare la probabilità di acquisto o riconoscere un volto tra un milione di volti possibili).

Mentre gli esseri umani sono limitati nel numero di cose a cui possono porre attenzione contemporaneamente, un algoritmo di apprendimento profondo addestrato da una enciclopedia globale di informazioni scoprirà correlazioni tra i dati che sono troppo sottili o complesse per essere comprese da noi esseri umani, e che a causa di questi limiti potrebbero anche non essere notate da un essere umano.

Inoltre, quando il cervello positronico[38] della Intelligenza artificiale viene addestrato su un'enorme quantità di dati, il deep learning è in grado di personalizzazione per i singoli utenti, in base ai modelli di quell'utente e ai modelli simili osservati su altri utenti.

Ad esempio, quando si visita Amazon, l'intelligenza artificiale del sito web evidenzia prodotti specifici per attirare l'utente e e massimizzare la spesa. E quando si apre una pagina di Facebook, Facebook mostra contenuti progettati per massimizzare il numero di minuti di permanenza su Facebook.

Le IA di Amazon e Facebook sono mirate, cioè mostrano contenuti personalizzati diversi a ogni persona. Quindi il contenuto mostrato ad un utente potrebbe funzionare perfettamente per lui, ma potrebbe non funzionare affatto con un altro utente a meno che le caratteristiche dei due utenti non siano simili.

---

38   Wikipedia - Cervello Positronico https://it.wikipedia.org/wiki/Cervello_positronico

Questa precisione mirata è molto più efficace nel produrre clic e acquisti rispetto all'approccio unico utilizzato dai siti web statici tradizionali.

Per quanto potente, il deep learning non è una panacea.[39] Mentre gli esseri umani non hanno la capacità dell'intelligenza artificiale di analizzare un numero enorme di dati allo stesso tempo, l'uomo ha una capacità unica di attingere all'esperienza, ai concetti astratti e al buon senso per prendere decisioni.

Al contrario, per far funzionare bene l'apprendimento profondo sono necessari: quantità massicce di dati rilevanti, un settore preciso più ristretto possibile e una funzione obiettivo concreta da ottimizzare. Se manca uno di questi elementi, le cose potrebbero andare a rotoli.

Troppi pochi dati? L'algoritmo non avrà abbastanza esempi per scoprire correlazioni significative. Più settori? L'algoritmo[40] non può tenere conto delle correlazioni tra settori e problemi e non otterrà abbastanza dati per coprire tutte le permutazioni.

Una funzione obiettivo troppo ampia? L'algoritmo non avrà una guida chiara per affinare l'ottimizzazione. Quando si fanno delle valutazioni se usare l'intelligenza artificiale o meno per risolvere determinati problemi è importante sempre considerare che il "cervello dell'intelligenza artificiale" (deep learning) funziona in modo molto diverso dal cervello umano.

---

39   Wikpedia – Panacea, https://it.wikipedia.org/wiki/Panacea

40   Cfr. Wikipedia Algoritmo, https://it.wikipedia.org/wiki/Algoritmo

3.Applicazioni del Deep Learning al Web e alla finanza

Visti i punti di forza e di debolezza del deep learning, non c'è da stupirsi che i primi beneficiari di questa forma di intelligenza artificiale siano le più grandi aziende di Internet.

I colossi tecnologici come Facebook e Amazon hanno il maggior numero di dati, spesso etichettati automaticamente in base alle azioni dell'utente (l'utente ha cliccato o comprato? L'utente ha fatto clic o ha acquistato? Quanti minuti è rimasto su una pagina? Queste azioni dell'utente sono direttamente collegate a una metrica aziendale (ricavi o clic) da massimizzare[41].

Quando queste condizioni sono soddisfatte, un'app o una piattaforma può diventare una macchina per stampare denaro. Man mano che la piattaforma raccoglie più dati, fa più soldi.

Non c'è da stupirsi che giganti di Internet come Google, Amazon e Facebook hanno registrato una crescita crescita fenomenale nell'ultimo decennio e sono diventate aziende I.A. di primaria importanza.

Oltre alle aziende di Internet, il prossimo settore che si presta all'IA è la finanza, comprese le banche e le assicurazioni. Consideriamo l'esempio delle assicurazioni. Questo settore ha vantaggi simili a quelli delle aziende di Internet: una grande quantità di dati di alta qualità all'interno di un unico settore (quello assicurativo) collegato a metriche di business.

L'emergere di fintech (tecnologia finanziaria) basate sull'IA, come

---

41   Cfr. AI BRANDS - Ripensare le marche nell'economia algoritmica, pagg, 11-13

Lemonade[42] negli Stati Uniti e Waterdrop[43] in Cina, può dare il metro di dove sta andano oggi il mercato. Lemonade negli Stati Uniti e Waterdrop in Cina, stanno rendendo possibile acquistare un'assicurazione tramite app oppure di chiedere un prestito tramite app, con approvazione immediata.

Queste società fintech basate sull'intelligenza artificiale sono pronte a superare le società finanziarie tradizionali perché offrono, transazioni istantanee (utilizzando l'IA e l'app) e costi più bassi (non ci sono esseri umani da pagare).

Le società finanziarie tradizionali si stanno affrettando a implementare l'IA nei loro prodotti e processi esistenti. La corsa è iniziata.

Un altro interessante vantaggio dell'IA fintech è che può utilizzare dati che vanno al di là di quelli quelli presi in considerazione dai professionisti umani.

Può migliorare il potere predittivo attingendo a dati eterogenei e massivi che non sarebbero fattibili per un assicuratore umano non sarebbe in grado di valutare, per esempio, se si acquistano più alimenti lavorati o verdure, se si trascorre molto tempo al casinò o in palestra, se si investe o meno in un'azienda, se si investe in fondi speculativi, se si ha una fidanzata o un'amica o se questo utente molesta le donne online oppure no[44].

Tutte queste informazioni dicono molte cose sul comportamento dell'utenza i rete e sulle scelte di acquisto della clientela, compresa la posizione di rischio relativa di assicurare quell'utente specifico.

42 Insurzine.com - Lemonade app assicurativa , https://www.insurzine.com/2021/11/03/la-polizza-auto-di-lemonade/
43 Insuranceup.it - Waterdrop insurance a Wall street, https://www.insuranceup.it/it/startup/waterdrop-l-unicorno-cinese-che-ha-debuttato-sulla-borsa-di-new-york/
44 Cfr. Traduzione AI 2041 Ten visons for our future, autore Chen KiuFan- Kai-fu Lee, trademarks of Penguin Random House LLC, cit. pag.53

Milioni di informazioni (o "caratteristiche") si trovano nelle applicazioni del vostro telefono cellulare pronte per essere attinte da questa o da quella app collegata all'IA. Questo tipo di processo di analisi e simile al modo in cui Google raccoglie le informazioni che lasciate nella search bar del celebre motore di ricerca, in Google Play, Google Maps, Gmail e YouTube.

Tra i milioni di funzioni potenzialmente disponibili, alcune possono essere estremamente rilevanti e utili, mentre la maggior parte può avere solo un modesto potere predittivo.

Ma anche se le caratteristiche dovessero dimostrarsi modestamente utili, il cervello sintetico tramite l'apprendimento profondo troverà utili combinazioni delle informazioni che l'uomo non è in grado di comprendere.

CAPITOLO III

COMPUTER VISION, RETI NEURALI E DEEPFAKES

1.Che cos'è la computer vision?

Nell'altro capitolo dedicato al deep Learning si sono viste le applicazioni dei big-data, come Internet e la finanza. In questo capitolo parleremo della possibilità delle macchine di vedere, La computer vision (CV)[45] è la branca dell'IA che si concentra sul problema di insegnare ai computer a vedere.

La parola "vedere" qui non significa solo l'atto di acquisire un video o un'immagine, ma anche di dare un senso a ciò che un computer vede.

La computer vision comprende le seguenti capacità, di crescente complessità: Acquisizione ed elaborazione di immagini: utilizzo di telecamere e altri sensori per catturare per catturare scene 3D del mondo reale in un video.

Ogni video è composto da una sequenza di immagini e ogni immagine è una matrice bidimensionale di numeri che rappresentano il colore, dove ogni numero è un "pixel"[46].

Rilevamento degli oggetti e segmentazione dell'immagine: suddividere l'immagine in regioni di rilievo e individuare la posizione degli oggetti.

Riconoscimento dell'oggetto: riconosce l'oggetto (ad esempio, un cane), e comprende anche i dettagli (pastore tedesco, marrone scuro, e così via).

---

45   Cfr. IBM - Computer Vision https://www.ibm.com/it-it/topics/computer-vision
46   Cfr. Wikpedia – Pixel, https://it.wikipedia.org/wiki/Pixel

Tracciamento dell'oggetto: segue gli oggetti in movimento in immagini o video.

Riconoscimento di gesti e movimenti: riconosce i movimenti, ad esempio una mossa di danza in un gioco per Xbox.

Comprensione della scena: comprende l'intera scena, comprese le sottili relazioni relazioni sottili, come un cane affamato che guarda un osso.

2.Applicazioni della computer vision

Le tecnologie di computer vision sono già utilizzate ogni giorno nella società. La computer vision può essere utilizzata in tempo reale, in settori che vanno dai trasporti alla sicurezza.

Tra gli esempi esistenti vi sono: gli assistenti alla guida[47] installati in alcune autovetture, che possono rilevare un conducente che si appisola negozi autonomi come Amazon Go[48], dove le telecamere riconoscono quando si mette un prodotto nel carrello della spesa, sicurezza aeroportuale (conteggio delle persone, riconoscimento dei terroristi), riconoscimento dei gesti (punteggio delle vostre mosse in un gioco di ballo per Xbox), riconoscimento facciale (utilizzo del vostro volto per sbloccare il vostro telefono cellulare), telecamere intelligenti, in modo simile agli effetti che si possono ottenere nella modalità ritratto dell'iPhone riconosce e ed estrae le persone in primo piano e poi sfoca "meravigliosamente" lo sfondo per creare un effetto simile a quello di una Fotocamera DSLR[49], applicazioni militari (separazione dei soldati nemici dai civili), navigazione autonoma di droni e automobili.

La computer vision può essere applicata anche a immagini e video, in modi meno immediati ma non meno importanti. Alcuni esempi: l'editing intelligente di foto e video (strumenti come Photoshop utilizzano ampiamente la visione computerizzata per trovare i bordi del viso, rimuovere gli occhi rossi[50] e abbellire i selfie.)

---

47 Cft. Corriere del Ticino - Assistente alla guida, https://www.cdt.ch/news/se-il-chatbot-diventa-il-nostro-assistente-di-guida-311045
48 Cfr. Wikipedia – Amazon Go https://it.wikipedia.org/wiki/Amazon_Go
49 Cfr. Wikipedia – Reflex digitale https://it.wikipedia.org/wiki/Reflex_digitale_a_obiettivo_singolo
50 Cfr. Adobe - Rimuovere con precisione gli occhi rossi https://helpx.adobe.com/it/photoshop-elements/using/retouching-correcting.html

Analisi di immagini a scopo medicale (per determinare ad esempio la presenza di tumori maligni in una TAC polmonare), moderazione dei contenuti (individuazione di contenuti pornografici e violenti nei social media), selezione della pubblicità correlata basata sul contenuto di un determinato video, ricerca intelligente di immagini (in grado di trovare immagini a partire da parole chiave o da altre immagini) come la search di google image, e naturalmente, la realizzazione di deepfakes (sostituzione di un volto con un altro in un video).

3.Reti neurali per la computer vision

Far funzionare l'apprendimento profondo su una rete neurale standard si è rivelato una sfida, perché un'immagine ha decine di milioni di pixel, e insegnare al cervello sintetico attraverso il deep learning di riuscire a trovare suggerimenti e caratteristiche simili attraverso l'analisi di un enorme numero di immagini è un lavoro impressionante. Per poterlo fare i ricercatori si sono fatti ispirare dal cervello umano.

Questa osservazione sul modo in cui gli esseri umani "vedono" ha ispirato l'invenzione delle reti neurali convoluzionali[51] a vari livelli in forma gerarchica.

Il livello più basso di una rete neurale convoluzionale, è costituito da un gran numero di filtri[52], che vengono applicati ripetutamente a un'immagine. Ognuno di questi filtri può vedere solo piccole sezioni contigue dell'immagine, come i campi recettivi. L'apprendimento profondo, attraverso l'ottimizzazione su molte immagini, decide ciò che ogni filtro apprende.

Ad esempio, se l'immagine di una zebra viene inserita in una rete neurale convoluzionale, i filtri di livello inferiore potrebbero cercare le linee nere e le linee bianche in ogni regione dell'immagine. I livelli più alti potrebbero vedere le strisce,orecchie e zampe, in regioni più ampie. Livelli ancora più alti potrebbero vedere molte strisce, due orecchie e quattro zampe.

Al livello più alto, alcune parti della rete neurale convoluzionale, potrebbero cercare di distinguere specificamente le zebre dai cavalli o dalle

---

51   Cfr. IBM – Reti concoluzionali - https://www.ibm.com/it-it/topics/convolutional-neural-networks
52   Cfr. Traduzione AI 2041 Ten visons for our future, autore Chen KiuFan- Kai-fu Lee, trademarks of Penguin Random House LLC, cit. pag.78

tigri. Si noti che questi sono solo esempi per illustrare cosa potrebbe fare una rete neurale convoluzionale, ma nel funzionamento reale la rete neurale convoluzionale decide da sola quali caratteristiche dell'immagine usare per esempio, le strisce, le orecchie etc.., al fine di aggiungere l'obiettivo richiesto. Cosa sono le reti neurali convoluzionali?

La rete neurale convoluzionale, è un'architettura di apprendimento profondo specifica e migliorata, progettata per la visione computerizzata con diverse varianti per immagini e video.

Quando le reti neurali convoluzionali, furono ideate per la prima volta negli anni '80, non c'erano abbastanza dati o potenza di calcolo sufficiente per dimostrare cosa potessero fare. È stato solo verso il 2012 circa, che si è capito che questa tecnologia sarebbe stata la soluzione per alla computer vision.

È stata una felice coincidenza che in quel periodo, un numero enorme di immagini e video veniva catturato dagli smartphone e condiviso sui social network.

Sempre in questo periodo, grazie all'aumento della capacita computazionale dei computer e delle grandi capacità di memorizzazione di dati delle memorie a stato solido[53] si sono generate le condizioni perfette affinchè nascesse, maturasse e proliferasse la computer vision.

---

53   Wikipedia - Memorie allo stato solido, https://it.wikipedia.org/wiki/Unit
     %C3%A0_di_memoria_a_stato_solido

4.Rischi dei DeepFakes nei Media

Quando è uscito un video in cui il presidente Obama ha esclamato "Il presidente Trump è un totale e completo idiota"[54], la comunità internazionale si è resa conto che esiste il Deep Fake[55].

Questo video in cui l'ex presidente degli Stati Uniti d'America Obama dice questa frase è diventato virale alla fine del 2018, ma si trattava di un deepfake (un video falso realizzato con il deep learning) creato da Jordan Peele e BuzzFeed.

L'intelligenza artificiale ha preso il discorso registrato di Peele e ha trasformato la sua voce in quella di Obama.

Peele attraverso l'uso dell'intelligenza artificiale ha preso un video vero di Obama e né ha modificato il volto per farlo corrispondere perfettamente in linea con le parole del discorso, l'IA ha fatto la sincronizzazione labiale e la corrispondenza delle espressioni facciali.

Lo scopo del video di Peele del 2018 era una provocazione a livello internazionale per avvertire l'opinione pubblica che i deepfakes esistono e sono in mezzo a noi. Nello stesso anno un certo numero di video pornografici di celebrità sono stati creati con la tecnica del deepfake e sono stati immessi in Internet.

Anche se il fenomeno era stato denunciato nuove manifestazioni di deepfake continuavano a comparire in rete. Nel 2021, un'applicazione chiamata Avatarify è diventata la numero uno dell'App Store di Apple.

---

54 Fake Obama created using AI video tool - BBC News, https://www.youtube.com/watch?v=AmUC4m6w1wo

55 Cibersecurity360.it - Deep fake: cosa sono e come riconoscerli per smascherare la disinformazione, https://www.cybersecurity360.it/nuove-minacce/deep-fake-cosa-sono-e-come-riconoscerli-per-smascherare-la-disinformazione/

Avatarify dà vita a qualsiasi foto, facendo cantare o ridere una persona presente nella foto.

5.Rete generativa dei Deepfakes GAN

I deepfake sono costruiti su una tecnologia chiamata "generative adversarial"[56] o

reti generative avversarie (acronimo GAN). Come suggerisce il nome, una GAN è una coppia di reti neurali di apprendimento profondo "avversarie".

La prima rete, o anche la rete del falsario, cerca di di generare qualcosa che sembri reale, ad esempio un'immagine sintetizzata di un cane, basandosi su milioni di immagini di cani[57].

L'altra rete, la rete investigativa, confronta l'immagine sintetizzata del cane del falsario con le immagini autentiche di cani e determina se l'immagine prodotta dal falsario è vera o falsa. Sulla base del feedback della rete investigativa, la rete del falsario si riaddestra con l'obiettivo di ingannare la rete investigativa la prossima volta.

La rete del falsario si regola per ridurre al minimo la "funzione di perdita", ovvero la differenza tra le immagini generate e quelle reali. Poi la rete investigativa si riaddestra per rendere rilevabili i falsi massimizzando la "funzione di perdita".

Questi due processi si ripetono fino a milioni di volte, migliorano le loro capacità, fino a quando non si raggiunge un equilibrio. Nel 2014, il primo lavoro sulla GAN ha mostrato come il falsario abbia creato una "palla di cane" carina ma falsa che è stata immediatamente scoperta dal detective, e poi poi ha progressivamente imparato a creare immagini falsificate di cani

---

56   Agendadigitale - GAN (Generative Adversarial Networks)
https://www.agendadigitale.eu/cultura-digitale/gan-generative-adversarial-networks-cosa-sono-
     applicazioni-e-vantaggi/

57   Cfr. Traduzione AI 2041 Ten visons for our future, autore Chen KiuFan- Kai-fu Lee, trademarks of
     Penguin Random House LLC, cit. pagg.81-82

che sono indistinguibili dalle immagini reali.

La GAN è stata applicata a video, parlato, e a molti tipi di contenuti, tra cui il famigerato video di Obama menzionato prima. È possibile rilevare i deepfake generati da GAN? A causa della loro natura relativamente rudimentale e ai limiti della potenza dei computer moderni, la maggior parte dei deepfakes oggi sono rilevabili dagli algoritmi e talvolta anche dall'occhio umano.

Facebook e Google hanno lanciato una sfida per lo sviluppo di programmi di rilevamento dei deepfake[58]. Oggi è possibile utilizzare rilevatori di deepfake efficaci, ma c'è un costo computazionale, che può essere un problema se il vostro sito web ha milioni di upload al giorno. A lungo termine, il problema più grande è che la GAN ha un meccanismo incorporato per "aggiornarsi"[59].

Supponiamo che abbiate addestrato una rete di falsi GAN e che qualcuno abbia inventato un nuovo algoritmo investigativo per individuare il vostro deepfake. Si può semplicemente riqualificare la rete GAN con l'obiettivo di ingannare l'algoritmo investigativo.

Il risultato è una corsa agli armamenti per vedere chi addestra un modello migliore su un computer più potente. Oltre a creare deepfakes, le reti GAN possono essere utilizzate per compiti costruttivi, come invecchiare o de-invecchiare le foto, colorare filmati e foto in bianco e nero, realizzare dipinti animati (come ad esempio la Monna Lisa), migliorare la risoluzione, individuare il glaucoma, prevedere gli effetti del cambiamento climatico e persino scoprire nuovi farmaci.

---

58 Cfr. DOGMA.IT - Cos'è il Deepfake
https://www.dogma.it/it/news/deepfake--cosa-sono--come-crearli-e-come-riconoscerli
59 Cfr. Traduzione AI 2041 Ten visons for our future, autore Chen KiuFan- Kai-fu Lee, trademarks of Penguin Random House LLC, cit. pag.83

Va evitata la visone in cui la rete GAN possa esser eusata solo per i Deepfake, perché le sue applicazioni positive supereranno sicuramente quelle negative, proprio come avviene per la come per la maggior parte delle nuove tecnologie innovative.

6.Verifica biometrica

La biometria[60] è il campo di studio che utilizza le caratteristiche fisiche di una persona per verificarne l'identità. Nelle applicazioni reali, la biometria viene di solito utilizzata in tempo reale con sensori speciali, piuttosto che cercare di ricavare le caratteristiche da una semplice registrazione video.

Ad esempio, l'iride e le impronte digitali sono uniche per ogni persona e sono ideali per la verifica dell'identità. Il riconoscimento dell'iride è considerato il metodo più accurato di identificazione biometrica.

Per verificare un'identità utilizzando il riconoscimento dell'iride, una luce a infrarossi sugli occhi del soggetto, che vengono fotografati e confrontati con le iridi della persona in questione.

Il riconoscimento delle impronte digitali è anch'esso estremamente accurato. I progressi del deep learning e nello sviluppo della GAN hanno fatto fare passi da gigante al campo della biometria per il riconoscimento facciale etc.. .

Dato un qualsiasi dato biometrico (come la voce o il volto), l'intelligenza artificiale è già in grado di superare gli esseri umani nella verifica o nel riconoscere l'identità di qualsiasi persona. In situazioni in cui è possibile raccogliere e combinare molte caratteristiche, l'accuratezza sarà essenzialmente perfetta.

---

60   Enciclopedia Italiana Treccani – riconoscimento biometrico
       https://focus.namirial.it/riconoscimento-biometrico/

7.Intelligenza Artificiale e sicurezza

Con il progredire della tecnologia, emergono vulnerabilità e rischi per la sicurezza per qualsiasi qualsiasi piattaforma informatica, ad esempio i virus per i PC, il furto di identità per le carte di credito e lo spam per le e-mail.

Man mano che l'intelligenza artificiale si diffonde, anch'essa subirà attacchi alle sue vulnerabilità. I deepfakes sono solo una delle tante vulnerabilità. Un'altra vulnerabilità che può essere sfruttata sono i limiti decisionali dell'IA, che possono essere stimati e utilizzati per camuffare i dati di input, in modo tale che l'IA commetterebbe degli errori.

Per esempio, un ricercatore ha progettato un nuovo paio di occhiali da sole che occhiali da sole che hanno fatto sì che l'IA lo riconoscesse come Milla Jovovich[61]. Un altro un altro ricercatore ha applicato degli adesivi su una strada che hanno ingannato il pilota automatico di una Tesla Model S a cambiare corsia e a guidare direttamente nel traffico in arrivo.

Questi tipi di camuffamento sarebbero estremamente gravi se venissero utilizzati in guerra: immaginate se un carro armato venisse mimetizzato per essere riconosciuto come un'ambulanza.

Un altro tipo di attacco è il cosiddetto poisoning, una situazione in cui il processo di apprendimento dell'IA viene corrotto corrotto dalla contaminazione dei dati di addestramento, dei modelli o del processo di addestramento, o il processo di formazione, quando ad esempio i Bias cognitivi dei programmatori vengono trasferiti all'interno della I.A. .

Questo può causare il fallimento sistematico dell'intera IA, oppure potrebbe

---

61   Cfr. Traduzione AI 2041 Ten visons for our future, autore Chen KiuFan- Kai-fu Lee, trademarks of Penguin Random House LLC, cit

accadere che l'IA venga controllata direttamente dall'autore del reato.

Queste falle di sicurezza possono portare il rischio che i droni militari siano hackerati dai terroristi e vengano utilizzati per attaccare il loro stesso Paese.

Questi attacchi sono più difficili da fermare rispetto a quelli convenzionali, perché i modelli dell'IA non sono facili da sottoporre a un "debug"[62], in quanto si tratta di equazioni estremamente complesse implementate in migliaia di strati di reti piuttosto che di codici informatici deterministici.

Nonostante queste difficoltà, è possibile adottare misure chiare, come ad esempio

rafforzare la sicurezza degli ambienti di addestramento e di esecuzione, creare strumenti che controllano automaticamente i segni di avvelenamento e sviluppano

tecnologie specifiche per combattere la manomissione dei dati o l'evasione.

Proprio come abbiamo spam e virus con le innovazioni tecnologiche, la sicurezza dell'intelligenza artificiale sarà in gran parte raggiunta con un'azione solo occasionale (così come ancora oggi occasionalmente veniamo attaccati da spam o virus).

Le vulnerabilità indotte dalla tecnologia sono sempre state risolte o migliorate con soluzioni tecnologiche.

---

62   Microsoft - Debugger
https://learn.microsoft.com/it-it/visualstudio/debugger/what-is-debugging?view=vs-2022

CAPITOLO IV

INTELLIGENZA ARTIFICIALE NELLA PRODUZIONE DEL LINGUAGGIO

1.Intelligenza artificiale e l'elaborazione del linguaggio naturale

L'elaborazione del linguaggio naturale[63] è una sottocategoria dell'IA. Il linguaggio e la parola sono fondamentali per l'intelligenza umana, la comunicazione e i processi cognitivi, per cui la comprensione del linguaggio naturale è spesso vista come la più grande sfida dell'IA.

Il termine "linguaggio naturale" si riferisce al linguaggio degli esseri umani – parlato, e la comunicazione non verbale che possono avere una componente innata e che le persone coltivano attraverso le interazioni sociali e l'istruzione.

Un famoso test sull'intelligenza delle macchine, noto come Test di Turing, si basa sul fatto se il software di conversazione Natural Language Processing[64] (NLP) sia in grado di ingannare l'uomo facendogli credere di essere umano. Gli scienziati hanno sviluppato l'elaborazione del linguaggio naturale per analizzare, comprendere e persino generare il linguaggio umano da molto tempo.

A partire dagli anni Cinquanta, i linguisti computazionali hanno tentato di insegnare il linguaggio naturale ai computer secondo una visione ingenua dell'acquisizione del linguaggio umano (partendo da insiemi di vocaboli,

---

63   Cfr. Oracle – Elaborazione del linguaggio naturale https://www.oracle.com/it/artificial-intelligence/what-is-natural-language-processing/

64   Cfr. IBM – Natural language processing, https://www.ibm.com/it-it/topics/natural-language-processing

modelli di coniugazione e regole grammaticali). Recentemente, tuttavia, l'apprendimento profondo ha superato questi primi approcci.

Il motivo, come si può intuire, è che i progressi del deep learning hanno dimostrato la capacità di modellare relazioni e schemi complessi in modo

unico e adatto ai computer, sistemi scalabili con la crescente disponibilità di dati di addestramento e informazioni presenti su Internet molto grandi.

L'apprendimento profondo sta ora battendo i record su ogni compito di valutazione standard dell'elaborazione del linguaggio naturale da parte di una macchina.

2.Elaborazione del linguaggio naturale e supervisione

Qualche anno fa, praticamente tutte le reti neurali adatte all'elaborazione del linguaggio naturale basate sul deep learning apprendevano il linguaggio utilizzando lo standard dell' "apprendimento supervisionato"[65] discusso in precedenza.

L'espressione "supervisionato" implica che, quando l'intelligenza artificiale apprende, è necessario che le venga fornita una risposta giusta di conferma per ogni input di addestramento.

L'IA riceverebbe coppie di dati etichettati - l'input e l'output "corretto" - e poi l'IA imparerà a produrre l'output che corrisponde a un dato input.

Nel capitolo 2 si è citato l'esempio dell'IA che riconosce l'immagine del gatto. L'apprendimento profondo supervisionato è il processo di formazione in cui l'intelligenza artificiale impara a produrre la parola "gatto"[66].

Quando si tratta di linguaggio naturale, possiamo applicare l'apprendimento supervisionato trovando dati che sono stati etichettati per scopi umani. Ad esempio, esistono insiemi di dati di traduzioni multilingue per contenuti identici presso le Nazioni Unite e altri luoghi.

Questi forniscono una fonte naturale di riferimento per una successiva supervisione usata dalle macchine che imparano a tradurre le lingue. L'intelligenza artificiale può essere addestrata partendo dal semplice accoppiamento di informazioni, ad esempio, ciascuna delle milioni di frasi in inglese con la sua controparte tradotta professionalmente in italiano.

---

65   Cfr. Wikipedia - Apprendimento supervisonato
     https://it.wikipedia.org/wiki/Apprendimento_supervisionato
66   Cfr. Traduzione AI 2041 Ten visons for our future, autore Chen KiuFan- Kai-fu Lee, trademarks of
     Penguin Random House LLC, cit. pag.131

Utilizzando questo approccio, l'apprendimento con questo modello di supervisione può essere esteso al riconoscimento vocale[67] (conversione del parlato in testo), al riconoscimento ottico dei caratteri (conversione della scrittura o delle immagini in testo) o alla sintesi vocale (conversione di testo in parlato).

Per questi tipi di compiti di riconoscimento del linguaggio naturale l'addestramento con la supervisione automatica come elemento di confronto è fattibile, l'intelligenza artificiale supera già la maggior parte degli esseri umani in questo compito.

Un'applicazione più complessa dell'elaborazione del linguaggio naturale va dal riconoscimento alla comprensione.

Per fare questo salto, le parole devono essere codificate come ordini che si trasformano in azioni. Ad esempio, quando si dice (ordina) all'assistente vocale di Amazon Alexa: "Suona Bach", Alexa deve capire che si vuole riprodurre un brano di musica classica del compositore Johann Sebastian Bach. Oppure, quando si dice a un chatbot per l'e-commerce "voglio un rimborso", il chatbot può guidare l'utente su come restituire la merce e rimborsare il prezzo di acquisto[68].

Si consideri la miriade di modi in cui gli esseri umani potrebbero esprimere un'intenzione o una proposta simile (ad esempio, "Voglio indietro i miei soldi", "Il tostapane è difettoso" e simili).

Ogni variazione immaginabile nel dialogo di chiarimento e di specificazione dovrebbe essere presente nei dati di addestramento (database[69]) dell'elaborazione del linguaggio naturale .

---

68   Cfr. Wikipedia-Ali 2040s Ten visions for our future, https://it.wikipedia.org/wiki/Kai-fu Lee, entrada emarks of Penguin Random House LLC, cit. pag.131-132

69   Oracle – Database https://www.oracle.com/it/database/what-is-database/

E non solo "presenti" nei dati, ma anche "etichettate" da un essere umano per fornire indizi sufficienti per l'addestramento dell'intelligenza artificiale. L'etichettatura dei dati per l'addestramento supervisionato dei sistemi di comprensione del linguaggio è un'industria importante da oltre vent'anni.

Come esempio, in un sistema di assistenza clienti automatizzato di una compagnia aerea, i dati etichettati per l'addestramento alla comprensione del linguaggio hanno un aspetto simile a questo:

[Voglio [METODO: volare] da [ORIGINE: Boston] alle [DEP_TIME: 838 am] e arrivare a [DEST: Denver] alle [ARR TIME: 1110 am]. [ORA DI ARRIVO: 1110 del mattino]].

Questo è un esempio molto elementare. Si può immaginare il carico di lavoro necessario per centinaia di migliaia di enunciati a questo livello di dettaglio. E saremmo ancora lontani dal coprire tutte le possibili variazioni, anche nel

prenotazione dei voli di cui sopra. Quindi, per molti anni, la comprensione della NLP ha funzionato solo se si era disposti a dedicare molto tempo a un'applicazione ristretta (cioè, una NLP supervisionata specifica per un settore specifico).

La grande visione della comprensione del linguaggio generale a livello umano rimaneva inafferrabile, perché non si sapeva come fosse un'applicazione di comprensione generale.

Non si sapeva come supervisionare l'addestramento di un'applicazione di Natural Language Processing fornendo un output per ogni input. Anche se si sapesse come fare quanto già descritto , sarebbe proibitivo in termini di tempo e di costi, provate a immaginare di etichettare tutti i dati linguistici del mondo.

3.Natural Language Processing auto-supervisionato

Recentemente, tuttavia, è emerso un nuovo approccio semplice ma elegante per l'apprendimento auto-supervisionato.

L'apprendimento auto-supervisionato significa che l'intelligenza artificiale supervisiona automaticamente ogni vocabolo e ogni stringa del linguaggio naturale, e non è più come in passato necessaria l'etichettatura umana, superando così il collo di bottiglia dei costi e del tempo di cui si è discusso. Questo approccio si chiama "trasduzione di sequenze".

Per addestrare una rete neurale a trasduzione di sequenza, l'input è semplicemente la sequenza di tutte le parole fino a un certo punto. tutte le parole fino a un certo punto e l'uscita è semplicemente la sequenza di parole dopo quel punto.

Per esempio, un input di "spaghetti al sugo" trasdurrà l'output predittivo "spaghetti al sugo di pomodoro e basilico".

Probabilmente si utilizzano già versioni semplici di questo tipo ogni giorno in Gmail o la funzione di ricerca automatica di Google in cui un utente scrive una frase e Google completa la frase con dei suggerimenti nella search bar del motore di ricerca.

Nel 2017, i ricercatori di Google hanno inventato "transformer", un nuovo modello di trasduzione della sequenza che, se addestrato su enormi quantità di testo, può mostrare meccanismi di memoria selettiva e attenzione in grado di tutto ciò che è stato "importante e rilevante" in passato.

Questa "memoria selettiva" può essere "recuperata" in base a ogni input immesso. Per esempio, nell'esempio sopra, tratto dalla search-bar di Google citato prima sulla pasta al pomodoro, la rete neurale si affida alla sua memoria di attenzione per capire cosa significhi "punteggio" nel contesto.

Con un numero sufficiente di dati, questo deep learning potenziato può essenzialmente insegnare a se stessa una lingua da zero. Piuttosto che utilizzare costrutti umani come la coniugazione e la grammatica, l'apprendimento profondo si basa su costrutti e astrazioni auto-inventate, ricavati dai dati e incorporati nella gigantesca rete neurale.

I dati di addestramento per questi sistemi sono interamente naturali. In questo caso si è superata l'etichettatura speciale che abbiamo descritto nella sezione precedente. Con un numero sufficiente di dati e una sufficiente potenza di elaborazione, il sistema può imparare automaticamente tutto da solo.

4.Assistenti virtuali e intelligenza artificiale conversazionale

CHAT GPT-3 oggi è famosa in tutto il mondo e BARD di Google oltre che Alexa di Amazon e Siri di Apple, Xiaodu di Baidu (motore di ricerca cinese), tutti assistenti virtuali conversazionali sono i suoi concorrenti.

In realtà tutti questi assistenti virtuali dai chat bot agli assistenti vocali[70] dei brand hanno delle loro peculiarità che li rendono diversi l'uno dall'altro. Non è tutto oro quello che luccica, anche perché è ancora via l'esperienza di Tay[71], il bot di intelligenza artificiale di Microsoft del 2016 che a sole 16 ore dal suo lancio ha inizato a diffondere messaggi sessiti e razzisti in rete dopo essere stato attaccato dai Troll.

Comunque l'aspetto più entusiasmante del potenziale degli assistenti vocali[72] o conversazionali che qui parleremo dei quella più famosa ovvero GPT-3 è che esso possa diventare una nuova piattaforma, o una base sulla quale si possano costruire rapidamente applicazioni applicazioni specifiche per ogni settore online.

Si consideri che a pochi mesi dal suo rilascio, sono state costruite applicazioni basate su GPT-3, tra cui un chatbot che permette di parlare con personaggi storici, uno strumento di composizione musicale che termina gli spartiti per chitarra, un'applicazione che è in grado di prendere metà di un'immagine e di completare l'altra parte con un immagine completa, un'app chiamata DALL.E in grado di disegnare una figura in base a una descrizione in formato testuale (ad esempio "un bambino di ravanello

---

70   RAI – Assistenti Vocali http://www.crit.rai.it/eletel/2020-1/201-9.pdf
71   Repubblica – Tay microsoft razzista
https://www.repubblica.it/tecnologia/social-network/2016/03/24/news/tay_microsoft_razzista-136242109/
72   Cfr. AI BRANDS – autori: Joseph Sasson, Alessandro Giaume, Alberto Maestri - Ed. Franco Angeli, 2023 , pag. 71

daikon in tutù che porta a spasso un cane").

Al momento queste app sono solo curiosità, ma se i difetti di cui sopra verranno risolti, una piattaforma del genere potrebbe evolversi in un ciclo virtuoso in cui decine di migliaia di sviluppatori intelligenti creino applicazioni straordinarie che migliorino la piattaforma, attirando sempre più utenti, proprio come è successo con Windows e Android.

Le nuove e sorprendenti applicazioni della Natural Language Processing ha in se la potenzialità di poter includere l'intelligenza artificiale conversazionale come tutor per i bambini, un esempio è il caso di Diya un sistema vocale progettato per insegnare a leggere ai bambini da 5 anni in su, il sistema Diya Read along[73] è progettato per insegnare ai bambini a leggere, il sistema usa tecniche di text to speech e Speech recognition per analizzare come i bambini leggono e si complimenta con loro quando leggono correttamente.

Questo sistema di Voice Assistant digitale[74] è presente in 180 paesi e in 9 lingue.

Queste IA conversazionali potrebbero essere rapidamente personalizzabili per qualsiasi applicazione, persona o situazione.

Con il tempo, versioni più raffinate di di IA basate sul dialogo diventeranno sufficientemente interessanti o intriganti per gli esseri umani al punto tale che che gli esseri umani potrebbero anche provare affinità di tipo emotivo nei confronti dell'IA come nel film "Her".

Alcuni scienziati si sono chiesti se alcune persone possono sviluppare

---

73   Cfr.AI BRANDS pagina 59 e pagina 71 - Editore Franco Angeli - Oggi i bambini di 5 anni - che non sanno ancora scrivere su una tastiera, sono i più entusiasti utenti della tecnologia vocale.

74   Garante della Privacy - Assistenti digitali Voice assistant, https://www.garanteprivacy.it/temi/assistenti-digitali

anche dei sentimenti d'innamoramento nella manifestazione Trieste Next tenutasi a Trieste dal titolo "CHATGPT, DO YOU LOVE ME? "[75]. Tale relazione potrebbe essere ben rappresentata dal film "Her". Va sempre ricordato che se anche la macchina simula perfettamente un essere umano e bene ricordare che quando si comunica con una IA si sta comunicando con un grande trasduttore di sequenze.

Al di là dell'IA conversazionale, una piattaforma di elaborazione del linguaggio naturale ha potenzialità, tali che potrebbe anche diventare un motore di ricerca di nuova generazione, in grado di rispondere a qualsiasi domanda.

Quando viene posta una domanda, un motore di ricerca di elaborazione del linguaggio naturale potrebbe immagazzinare istantaneamente tutto ciò che c'è da leggere in merito a quella domanda e personalizzarla per determinate funzioni o settori.

Ad esempio, un'applicazione di intelligenza artificiale per il settore finanziario potrebbe rispondere a una domanda simile a questa: "Se il COVID 19 dovesse tornare in autunno, come dovrei diversificare il mio portafoglio di investimenti?".

La piattaforma potrebbe anche essere in grado di dare suggerimenti e delle valutazioni e previsioni sul mercato borsistico e consigliare un investimento. Potrebbe diventare in ottimo strumento per i giornalisti, analisti finanziari, scrittori etc..

---

75   Cfr. Trieste Next - CHATGPT, DO YOU LOVE ME?
      https://www.triestenext.it/tc-event-category/focus-on-ai-and-robotics/

5.La creatività al servizio dell'Intelligenza Artificiale o il contrario?

Premesso che la creatività è la capacità di generare idee, soluzioni o prodotti nuovi e originali. È una capacità umana che è stata fondamentale per il progresso della società.

La creatività può essere applicata a una vasta gamma di attività, tra cui l'arte, la scienza, la tecnologia, l'istruzione e l'intrattenimento.

Può essere utilizzata per risolvere problemi, migliorare la qualità della vita e creare nuove esperienze.

L'intelligenza artificiale può accompagnare l'essere umano nella soluzione di problemi ed essere utilizzata per migliorare la creatività in diversi modi.

Ad esempio, l'intelligenza artificiale può essere utilizzata per fornire feedback sui lavori creativi, come gli script dei Film, un'esempio né è la piattaforma online Scriptbook[76], mette a disposizione la sua IA in grado di predire se uno script di un film avrà successo o meno sulla carta prima ancora di essere prodotto[77], questo chiaramente nel mondo di Hollywood ha creato parecchia incertezza e paura tra i sceneggiatori e tra gli attori[78] che nell'anno in cui viene scritto questo lavoro sono scesi in sciopero per protestare.

Il festival del cinema di Venezia edizione 80 ha visto l'assenza di moltissimi attori e registi americani a causa di questo sciopero che ha

---

76 Wired - ScriptBook: i flop al cinema? A schivarli ci penserà l'AI, https://www.wired.it/ai-intelligenza-artificiale/storie/2018/08/01/scriptbook-flop-al-cinema-schivarli-ci-pensera-lai/

77 Storytelling e intelligenza artificiale, autore Joseph Sasson, editore Franco Angeli pag.33

78 Agenda Digitale - Artisti minacciati dall'intelligenza artificiale: la nuova sfida per il diritto d'autore, https://www.agendadigitale.eu/mercati-digitali/diritto-dautore-violato-dallai-creativa-chi-tutela-artisti-e-utenti-le-norme-necessarie

coinvolto il sindacato degli artisti che protestano contro la violazione dei diritti d'autore da parte della IA.

Oppure l'IA può essere usata per identificare tendenze e modelli creativi e per generare nuove idee creative come nel caso della piattaforma Open.ai molto simile a DALL E[79] della società OpenAi che si trova online, in cui attraverso l'intelligenza artificiale un essere umano può descrivere in forma testuale ciò che il software deve confezionare sotto forma di quadro, dal paesaggio di un pianeta nello spazio, come ad esempio il dott. Silvio Berlusconi ancora in vita che sorseggia un calice di vino in compagnia di Beethoven, oppure Obama che stringe la mano a Trump, o quest'ultimo che viene arrestato dalla polizia, questi sono solo dei casi

immaginari per dare delle nozioni delle possibilità infinite di questa piattaforma, poi se lo si desidera c'è anche la possibilità di aggiungerci degli stili alle opere, come uno stile impressionista oppure si può chiedere alla piattaforma di confezionare una foto di Madre Teresa di Calcutta in stile Vincent van Gogh .

L'intelligenza artificiale può essere utilizzata per aiutare gli artisti a sviluppare nuovi stili e tecniche, per aiutare gli scrittori a migliorare la loro scrittura come nel caso delle applicazioni presenti in rete che permettono di poter scrivere interi libri oppure operare nel settore del Copywriting pubblicitario[80] chiedendo alla IA di suggerire il migliore Pay-Off[81] creativo per una campagna pubblicitaria su un determinato tema, oppure e per aiutare i musicisti a comporre nuova musica come nel caso delle app, Amper Music, AIVA. Jukedeck, Ecrett Music, Melodrive, ORB Composer

79 Dall E – piattaforma Open.ai, https://openai.com/dall-e-2
80 Cfr. Storytelling e intelligenza artificiale - Joseph Sasson, Ed. Franco Angeli, 2023 capitolo 33, pagg.34-36
81 Enciclopedia Treccani – Pay-off, https://www.treccani.it/enciclopedia/pay-off_%28Dizionario-di-Economia-e-Finanza%29/

etc… e la lista potrebbe continuare ma non è compito di questo lavoro elencare tutte le applicazioni e i software di IA presenti online a cui l'utenza umana può fare riferimento per avere un ausilio nel comporre, disegnare o scrivere per produrre i propri materiali artistici con l'ausilio dell'intelligenza artificiale tenendo sempre un occhio aperto alle violazioni del copyright e alle possibilità della IA di generare contenuti che possono violare le leggi sui diritti d'autore, questo perché potrebbe essere molto difficile stabilire chi è responsabile di eventuali violazioni del diritto d'autore se l'utente o la IA.

6.IA e Marketing

L'intelligenza artificiale sta rivoluzionando non solo il mondo dell'arte ma anche il marketing in molti modi, sia positivi che negativi.

Da un lato, l'IA può aiutare le aziende a comprendere meglio i loro clienti e a creare campagne di marketing più efficaci. Dall'altro lato, l'IA può essere utilizzata per creare campagne di marketing ingannevoli o dannose.

L'IA offre una serie di vantaggi per le aziende nel marketing, tra cui: Una migliore comprensione dei clienti, l'intelligenza artificiale può essere utilizzata per raccogliere e analizzare grandi quantità di dati sui clienti, fornendo alle aziende una visione più profonda dei loro bisogni e desideri.

Permette di fare campagne di marketing più mirate, in questo caso l'IA può essere utilizzata per targetizzare le campagne di marketing in modo più preciso, raggiungendo solo i clienti che sono più propensi ad essere interessati al prodotto o al servizio (come accade oggi nella pubblicità a pagamento di Facebook e nei vari servizi di advertising di Google e altre compagnie).

L'IA permette l'automatizzazione delle attività di marketing, perché può essere utilizzata per automatizzare le attività di marketing ripetitive, liberando tempo e risorse agli esperti di marketing per concentrarsi su attività più strategiche.

Ma ci possono anche essere degli svantaggi ad usare l'IA nel marketing. I Bias cognitivi[82] trasmessi dai suoi costruttori possono condizionare l'IA a causa dei loro pregiudizi, che possono a generare campagne di marketing

---

82   Cfr. Storytelling e intelligenza artificiale - Joseph Sasson, Ed. Franco Angeli, 2023 capitolo 33, pag.65

ingannevoli o dannose. Un' altro aspetto da non trascurare ma a cui porre attenzione è la perdita di posti di lavoro, l'IA può automatizzare diverse attività di marketing, come le attività segreteria e altri settori dell'economia il che potrebbe portare alla perdita di posti di lavoro in diversi settori.

Va comunque tenuto in considerazione il fatto che L'IA sta rapidamente diventando una parte integrante del marketing. Le aziende che non adotteranno l'IA nei loro processi e strategie comunicative potrebbero perdere terreno rispetto ai concorrenti.

7.Intelligenza artificiale conversazionale al soldo dei Brand

L'intelligenza artificiale conversazionale (AI) sta rapidamente diventando una parte integrante del marketing. I brand utilizzano l'AI[83] per creare chatbot, assistenti virtuali e altri sistemi di conversazione per interagire con i clienti in modo più coinvolgente e personalizzato. Ma quali sono i vantaggi dell'AI per i Brand che operano online[84]?

L'AI conversazionale offre una serie di vantaggi per i Brand, tra cui; Migliore esperienza del cliente: l'AI conversazionale può aiutare i Brand a fornire un'esperienza del cliente più coinvolgente e personalizzata. I chatbot possono rispondere alle domande dei clienti 24 ore su 24, 7 giorni su 7, e gli assistenti virtuali possono fornire assistenza personalizzata ai clienti.

L'AI conversazionale può aiutare i Brand a automatizzare le attività di assistenza clienti, liberando tempo e risorse per gli agenti umani per concentrarsi su attività più strategiche.

L'intelligenza artificiale può migliorare il targeting delle campagne di marketing in modo più preciso, raggiungendo solo i clienti che sono più propensi ad essere interessati al prodotto o al servizio.

---

83 Cfr. Storytelling e intelligenza artificiale - Joseph Sasson, Ed. Franco Angeli, 2023 capitolo 33, pagg.33-35
84 Cfr. AI BRANDS – autori: Joseph Sasson, Alessandro Giaume, Alberto Maestri - Ed. Franco Angeli, 2023 , pagg.19-22

CAPITOLO VI

INTELLIGENZA ARTIFICIALE E MEDICINA

1.A.I. Healtchare

La "medicina moderna" nel ventesimo secolo ha beneficiato di scoperte scientifiche senza precedenti, che hanno portato a miglioramenti in ogni aspetto dell'assistenza sanitaria. Di conseguenza, l'aspettativa di vita umana è aumentata da trentuno anni nel 1900 a settantadue anni nel 2017.

Oggi, siamo alla vigilia di un'altra rivoluzione per la sanità, in cui la digitalizzazione consentirà l'applicazione di tutte le tecnologie dei dati, dall'informatica comunicazione, mobile, robotica, scienza dei dati e, soprattutto, IA. In primo luogo, verranno digitalizzati i database e i processi sanitari esistenti, pazienti, l'efficacia dei farmaci, gli strumenti medici, i dispositivi indossabili, gli studi clinici, sorveglianza della qualità dell'assistenza, dati sulla diffusione delle malattie infettive e forniture di farmaci e vaccini[85].

La digitalizzazione creerà enormi banche dati che consentiranno nuove opportunità per l'intelligenza artificiale che come si è visto nei capitoli precedenti si "nutre di informazioni".

La radiologia è diventata digitale di recente. I visualizzatori di pellicole retroilluminate sono stati aggiornati con la visualizzazione computerizzata di immagini 3D ad alta definizione, che rendono possibile la tele-radiologia e la diagnosi assistita dall'intelligenza artificiale.

---

85   Cfr. Traduzione AI 2041 Ten visons for our future, autore Chen KiuFan- Kai-fu Lee, trademarks of Penguin Random House LLC, cit. pag.175

Le cartelle cliniche personali e assicurative iniziano a essere digitalizzate, archiviate e aggregate (ove consentito dalle diverse legislazioni nei diversi paesi), e aggregate in database anonimi. Tutte queste informazioni ora possono essere utilizzate dall'intelligenza artificiale per migliorare le cure e l'efficacia dei trattamenti, la valutazione dei medici, l'insegnamento medico, il rilevamento di anomalie e la diagnosi assistita,

insegnamento medico, l'individuazione di anomalie e la prevenzione delle malattie. I database completi sull'uso di ogni farmaco consentirà ai medici e all'intelligenza artificiale di capire come e quando applicare ogni farmaco per evitare che errori.

L'IA può fare un lavoro molto più approfondito dei medici umani, avendo a disposizione e imparando da miliardi di casi reali, inclusi gli esiti di ogni caso. L'IA può prendere in considerazione l'intera anamnesi medica e familiare e personalizzare gli interventi da porre in essere su questo o quel paziente.

L'intelligenza artificiale grazie alla sua capacità calcolo che gli permette di analizzare milioni di informazioni, può considerare le informazioni di un numero enorme di nuovi farmaci, trattamenti e studi. I compiti che riesce a fare sono tutti ben oltre le capacità umane.

I dispositivi indossabili possono monitorare continuamente la frequenza cardiaca, la pressione sanguigna, la glicemia e un numero crescente di statistiche vitali che possono fornire segnali di allarme. Questo costante monitoraggio nel tempo produrrà enormi database che possono aiutare l'intelligenza artificiale a correlare queste statistiche per un monitoraggio più accurato, che potrà fornire una diagnosi precoce, e consigliare un trattamento medico all'occorrenza.

Nella ricerca medica, le nuove tecnologie producono tutte una massiccia quantità di dati digitali. Il sequenziamento del DNA[86] produce informazioni digitali vitali, come i geni che codificano le proteine (le macchine molecolari della vita) e la rete di regolazione che specifica il comportamento dei geni.

La reazione a catena della polimerasi digitale (dPCR) è in grado di rilevare con precisione gli agenti patogeni (ad es. COVID-19) e mutazioni genetiche (ad esempio, nuovi marcatori del cancro).

Il sequenziamento di nuova generazione[87] (NGS) consente di sequenziare rapidamente il genoma umano, anche se il nostro genoma è troppo grande per essere letto e interpretato dall'uomo e perfettamente adatto all'intelligenza artificiale. CRISPR [88]è una tecnologia innovativa per l'editing dei geni, che ha il potenziale per sradicare molte malattie in futuro. La scoperta di farmaci e vaccini sta diventando digitale e sta iniziando a essere integrata con l'intelligenza artificiale come vedremo nel caso del software di intelligenza artificiale Alphafold.

Tutti questi dati e informazioni sono di natura digitale e possono essere integrati e usati dall'intelligenza artificiale, e possono portare a miglioramenti significativi nell'assistenza sanitaria.

2.Alphafold

---

86   Cfr. Wikipedia - Sequenziamento del DNA,
     https://it.wikipedia.org/wiki/Sequenziamento_del_dna
87   Cfr.Tech4Future IA https://tech4future.info/intelligenza-artificiale-genomica-tecnologie/
88   Somalogic Measure 7,000 proteins simultaneously https://somalogic.com/proteomics-for-genomic-analysis/

AlphaFold è un sistema di intelligenza artificiale sviluppato da DeepMind, una filiale di Alphabet, che predice la struttura 3D di una proteina dalla sua sequenza di aminoacidi.

AlphaFold è stato in grado di prevedere la struttura 3D di proteine con un'accuratezza paragonabile a quella dei metodi sperimentali, il che rappresenta un importante passo avanti nel campo della biologia strutturale. La struttura 3D di una proteina è essenziale per comprendere la sua funzione e per progettare nuovi farmaci e terapie. AlphaFold può quindi essere utilizzato per accelerare la ricerca scientifica e lo sviluppo di nuovi farmaci.

AlphaFold è stato utilizzato per prevedere la struttura 3D di oltre 200 milioni di proteine, che sono state depositate nell'AlphaFold Protein Structure Database. Questo database è accessibile a tutti gli scienziati e può essere utilizzato per accelerare la ricerca scientifica su una vasta gamma di argomenti, tra cui la malattia di Alzheimer, il cancro e il COVID-19.

AlphaFold è un potente strumento che ha il potenziale di trasformare la ricerca scientifica e lo sviluppo di nuovi farmaci. È un esempio di come l'AI può essere utilizzata per risolvere problemi reali e migliorare la vita delle persone.

3.Applicazioni robotiche nella chirurgia ed IA

Con chirurgia robotica si indica un tipo di operazione effettuata grazie a tecnologie avanzate, che prevedono l'utilizzo di una sofisticata piattaforma chirurgica in grado di riprodurre, miniaturizzandoli, i movimenti della mano umana all'interno delle cavità corporee, o comunque nel campo operatorio.

La chirurgia robotica è una tecnica chirurgica che utilizza un robot per eseguire un intervento chirurgico. Il robot è controllato da un chirurgo umano che si trova in una sala operatoria separata.

Il chirurgo umano può controllare i bracci robotici utilizzando una console di controllo che fornisce una visione tridimensionale del campo operatorio. La chirurgia robotica nasce alla fine degli anni '50, quando il Pentagono americano sviluppa il primo dispositivo chirurgico robotico, denominato Robotic Assisted Micro Surgery (RAMS)[89].

Il RAMS era un sistema di telecontrollo dei movimenti di bracci chirurgici manipolati a distanza dalla consolle guidata dal chirurgo. Il RAMS era utilizzato per eseguire biopsie neurochirurgiche.

Negli anni '70 e '80, vengono sviluppati altri sistemi robotici per la chirurgia, ma questi sistemi non erano ancora sufficientemente avanzati per essere utilizzati in ambito clinico. Nel 1998, la Intuitive Surgical introduce il sistema da Vinci, il primo sistema robotico per la chirurgia mininvasiva ad essere approvato dalla Food and Drug Administration (FDA).

---

89   Cfr. NASA - RAMS: Robot Assisted Microsurgery,
https://www-robotics.jpl.nasa.gov/what-we-do/research-tasks/rams-robot-assisted-microsurgery/

Il sistema da Vinci[90] è costituito da un carrello che contiene i bracci robotici, una console di controllo per il chirurgo e un monitor per la visione tridimensionale del campo operatorio.

Il sistema da Vinci è stato utilizzato per eseguire una vasta gamma di interventi chirurgici, tra cui: Chirurgia generale, ad esempio, il sistema da Vinci può essere utilizzato per eseguire interventi di colecistectomia, ernia inguinale e riparazione di ernia diaframmatica. La chirurgia robotica è una tecnologia in continua evoluzione.

I sistemi robotici sono sempre più avanzati e vengono utilizzati per eseguire interventi chirurgici sempre più complessi e precisi.

Alcuni sistemi che usano l'intelligenza artificiale per la chirurgia robotica sono il sistema da Vinci Xi di Intuitive Surgical utilizza che usa l'IA per guidare i movimenti del robot in modo più preciso e sicuro, il sistema Hugo di Hugo Technologies per rilevare eventuali anomalie durante l'intervento chirurgico, come sanguinamenti o danni ai tessuti, un altro sistema CyberKnife di Accuray la utilizza per personalizzare gli interventi chirurgici per i tumori del cervello, il sistema ROSA di Medtronic la usa per eseguire interventi chirurgici su parti del corpo difficili da raggiungere, come il cuore.

L'intelligenza artificiale viene applicata alla chirurgia robotica in diversi modi, può essere utilizzata per guidare i movimenti del robot in modo preciso e sicuro.

Ad esempio, può essere utilizzata per evitare di danneggiare i tessuti durante l'intervento chirurgico, o per rilevare eventuali anomalie durante

90   Cfr. Humanitas – Robot Da Vinci, https://www.humanitas.it/cure/robot-da-vinci/

l'intervento chirurgico, come sanguinamenti o danni ai tessuti.

Ciò può aiutare il chirurgo a intervenire in modo rapido e tempestivo per evitare complicazioni, inoltre può essere utilizzata per personalizzare gli interventi chirurgici in base alle esigenze individuali del paziente.

L'intelligenza artificiale può essere usata per calcolare la posizione ottimale per eseguire un'incisione e può essere utilizzata per sviluppare nuovi interventi chirurgici che non sarebbero possibili con la chirurgia tradizionale.

4. Sanità digitale e I.A.

L'intelligenza artificiale è in grado di reinventare l'assistenza sanitaria in molti modi, oltre che lo sviluppo di farmaci e vaccini. Arriverà la "medicina di precisione", un termine che si riferisce all'adattare in modo personalizzato il farmaco per un determinato paziente, piuttosto che produrre farmaci sullo stile "blockbuster", adatti a tutti.

Man mano che si rendono disponibili le informazioni di ogni paziente, compresa l'anamnesi familiare e il sequenziamento del DNA, la medicina di precisione diventerà sempre più fattibile. L'intelligenza artificiale è ideale per fornire questo tipo di ottimizzazione e pèroduzione di un farma in forma "Taylor made".

Questa tendenza si farà sentire prima di tutto in campi come la radiologia, dove gli algoritmi di visione computerizzata sono già più precisi dei bravi radiologi per alcuni tipi di risonanza magnetica e TAC.

Mella sanità anche le operazioni chirurgiche complesse, che si basano su giudizi sofisticati e su movimenti agili e veloci di precisone, saranno sempre più automatizzati nel tempo. Gli interventi chirurgici assistiti da robot sono passati dall'1,8% di tutti gli interventi chirurgici nel 2012 al 15,1% nel 2018.

Allo stesso tempo, le attività chirurgiche semi-autonome stanno diventando di chirurgia semi-autonoma sotto la supervisione di un medico[91], tra cui la colonscopia, sutura, anastomosi intestinale e impianti dentali, tra gli altri.

La tendenza della sanità e quella che presto tutti gli interventi chirurgici

---

91 Agenda digitale – Robot sanitari, https://www.agendadigitale.eu/sanita/robot-sanitari-alla-sfida-autonomia-la-svolta-quinta-dimensione/

avranno il sostegno della robotica tra vent'anni, con interventi robotici completamente autonomi che rappresenteranno sempre più la maggior parte delle procedure.

Infine, l'avvento dei nanorobot medici offrirà numerose capacità che supereranno quelle dei chirurghi umani.

Questi chirurghi miniaturizzati (da 1 a 10 nanometri) saranno in grado di di riparare le cellule danneggiate, di combattere il cancro, di correggere le carenze genetiche e di sostituire le molecole di DNA per debellare le malattie.

Dispositivi indossabili, come le strisce mediche identificative di "Contactless Love", e stanze intelligenti con sensori per la temperatura, bagni intelligenti, letti intelligenti, spazzolini da denti intelligenti, spazzole da denti intelligenti e ogni tipo di gadget invisibile, che presto campioneranno regolarmente i segni vitali e altri dati e rileveranno eventuali crisi di salute.

I dati aggregati di questi dispositivi identificheranno con precisione se l'utente ha condizioni gravi, che si tratti di febbre, ictus, aritmia, apnea, asfissia o semplicemente lesioni, asfissia o semplicemente di lesioni dovute a una caduta. Tutti questi dati dell'Internet delle cose o Internet of Things[92] (IoT) saranno combinati con altre informazioni sanitarie come la anamnestici, i registri di tracciamento dei contatti e i dati relativi al controllo delle infezioni, per prevedere e avvertire di future pandemie. Nella sanità digitale la privacy sarà un problema allarmante per alcuni utenti, per cui il sistema dovrà anonimizzare i dati sostituendo ogni nome con un nome coerente con uno pseudonimo irrintracciabile.

---

92   Wikipedia – Internet delle cose, https://it.wikipedia.org/wiki/Internet_delle_cose

Uno studio del 2019[93] mostra che i mercati dell'IA per la sanità registreranno

41,7% di crescita annuale fino a raggiungere i 13 miliardi di dollari entro il 2025, in aree come il flusso di lavoro ospedaliero, i wearables, le immagini mediche

flusso di lavoro ospedaliero, wearables, imaging e diagnosi medica, pianificazione di terapie, assistenti virtuali e, soprattutto, la scoperta di farmaci.

---

93   Cfr. Traduzione AI 2041 Ten visons for our future, autore Chen KiuFan- Kai-fu Lee, trademarks of Penguin Random House LLC, cit. pag.183

5.Scoperta di farmaci, vaccini e IA

La scoperta di farmaci e vaccini è stata storicamente estremamente lunga e costosa. Ci sono voluti più di cento anni per sviluppare e perfezionare un vaccino per la meningite.

Le aziende farmaceutiche sono state in grado di muoversi molto più velocemente nello sviluppo di vaccini durante la pandemia del COVID-19, grazie a una spesa senza precedenti (solo il governo degli Stati Uniti ha speso 10 miliardi di dollari nel 2020) per eseguire studi clinici multipli e sforzi di produzione su binari paralleli.

Se il COVID-19 fosse stato contagioso o letale come le peggiori pandemie della storia, tuttavia, anche un anno di attesa per un vaccino sarebbe stato troppo lungo. L'intelligenza artificiale in tal senso sta rapidamente diventando importante per la scoperta di farmaci e vaccini, grazie alla capacità dell'intelligenza artificiale di analizzare grandi quantità di dati in modo rapido e accurato in tempi brevissimi permette la riduzione dei costi grazie al fatto che può essere utilizzata per automatizzare anche attività di ricerca e sviluppo.

Ad esempio l'IA AlphaFold di DeepMind, è addestrata su un vasto database di strutture proteiche 3D precedentemente scoperte, è ha dimostrato di essere in grado di simulare la struttura 3D di proteine sconosciute con un'accuratezza simile a quella delle tecniche tradizionali (come la crio-analisi come la microscopia crioelettronica, tecniche che sono costose e possono richiedere anni per ogni proteina.

Per questo motivo, i metodi tradizionali fino ad oggi hanno risolto meno dello 0,1% di tutte le proteine, grazie ad AlphaFold oggi la medicina ha un modo per conoscere rapidamente la struttura delle proteine.

AlphaFold è stato accolto dalla comunità dei biologi come la soluzione di una "grande sfida di cinquant'anni fa". Una volta conosciuta la struttura 3D di una proteina, un modo rapido per scoprire un trattamento efficace è il drug repurposing[94], ovvero la sperimentazione di ogni farmaco esistente che si è dimostrato sicuro per qualche altro disturbo per bloccare l'insorgere di una nuova malattia. Il repurposing dei farmaci può essere una soluzione rapida che potrebbe fermare la diffusione di una grave pandemia già al suo inizio.

Poiché i farmaci già esistenti sono già stati testati per gli effetti avversi, e possono essere somministrati senza test clinici necessari per i nuovi farmaci.

94   Cfr. Trendsanità.it – Remedi4All - L'Europa investe nel riposizionamento dei farmaci, https://trendsanita.it/leuropa-investe-nel-riposizionamento-dei-farmaci/

CAPITOLO VII

INTRODUZIONE ALLA ROBOTICA

La robotica è una disciplina ingegneristica che si occupa della progettazione, costruzione, programmazione e utilizzo di robot.

Il termine "robot" è stato coniato dallo scrittore ceco Karel Čapek nel suo racconto R.U.R.[95] (Rossum's Universal Robots) del 1920. Nel racconto, i robot sono esseri artificiali creati per lavorare al posto degli umani.

Tuttavia, i primi robot funzionanti furono creati molto prima. Nel 1478, l'ingegnere italiano Leonardo da Vinci progettò un carro semovente[96] azionato da meccanismi a molla. Nel 1738, l'inventore francese Jacques de Vaucanson creò un androide che suonava il flauto.

Nel 20° secolo, la robotica ha fatto grandi progressi. Nel 1954, l'ingegnere statunitense George Devol e l'imprenditore Joe Engelberger hanno inventato il primo braccio robotico programmabile, che hanno chiamato Unimate.

---

95 Cfr. Wikipedia - Robot R.U.R., https://it.wikipedia.org/wiki/R.U.R. - R.U.R. (sigla di Rossumovi univerzální roboti, traducibile come "I robot universali di Rossum") è un dramma utopico fantascientifico in un prologo e tre atti dello scrittore ceco Karel Čapek (1890-1938), pubblicato nel 1920 e messo in scena al Teatro nazionale di Praga il 25 gennaio 1921. Assieme a Noi di Evgenij Zamjatin si tratta di una delle prime distopie letterarie. In quest'opera per la prima volta compare il termine robot, inventato dal fratello dello scrittore ceco, Josef Čapek, per designare l'operaio artificiale sulla base della parola ceca robota ("corvée, lavoro faticoso, servitù"), trasformata da femminile a maschile.

96 Wikipedia – Carro semovente Leonardo da Vinci, https://it.wikipedia.org/wiki/Carro_semovente_di_Leonardo - Il Carro semovente è un progetto di un complesso automa meccanico ideato da Leonardo da Vinci, databile intorno al 1478.[1] Viene considerata l'antenata dell'automobile moderna. Lo schizzo del progetto è conservato nel Codice Atlantico.

Unimate[97] è stato utilizzato per la prima volta in una catena di montaggio automobilistica. Negli anni '70 e '80, la robotica è diventata sempre più sofisticata. Sono stati sviluppati nuovi tipi di robot, in grado di eseguire una vasta gamma di attività.

---

[97]   Cfr. Wikipedia – Unimate, https://it.wikipedia.org/wiki/Unimate - Unimate fu il primo robot industriale,creato per la General Motors e installato nello stabilimento Inland Fisher Guide Plant a Ewing (New Jersey), nel 1961.

1.Applicazioni industriali della robotica

Oggi i robot industriali sono utilizzati in una vasta gamma di applicazioni, tra cui nei settori industriali in cui assemblano pezzi, i robot sono utilizzati per assemblare prodotti, come automobili, elettrodomestici e dispositivi elettronici, oppure nella movimentazione dei carichi, i robot sono utilizzati per movimentare materiali, come parti, prodotti finiti e scarti, nella verifica e controllo qualità, i robot sono utilizzati per eseguire controlli di qualità sui prodotti, come misurazioni e test[98].

Nell'industria 4.0 i processi di produzione sono gestiti da robot che sono utilizzati per eseguire processi di saldatura, verniciatura e tagli, i robot sono usati anche nella manutenzione come la lubrificazione e la sostituzione delle parti. In dubbiamente l'uso di Robot industriali offre diversi vantaggi tra cui la precisione delle lavorazioni in quanto i robot possono eseguire movimenti molto precisi, riducendo il rischio di errori.

La costanza con cui lavorano perché possono eseguire le stesse attività in modo costante, giorno dopo giorno senza fermarsi e l'efficienza, i robot possono svolgere attività in modo più efficiente rispetto agli umani.

Un altro aspetto da non sottovalutare all'interno di una produzione industriale e la sicurezza, anche qui i robot possono svolgere le attività in modo sicuro per gli esseri umani in ambienti pericolosi.

Le applicazioni industriali dei robot sono in continua evoluzione. I ricercatori stanno lavorando per sviluppare robot sempre più intelligenti e flessibili, in grado di svolgere un'ampia gamma di compiti. Oggi i bracci robotici sono in grado di afferrare, manipolare e muovere oggetti rigidi in

---

98   Cfr. Traduzione AI 2041 Ten visons for our future, autore Chen KiuFan- Kai-fu Lee, trademarks of Penguin Random House LLC, cit. pag.185

applicazioni come la saldatura, l'assemblaggio di linee e il prelievo di oggetti nei centri di distribuzione del commercio elettronico.

La robotica è una tecnologia in continua evoluzione. I ricercatori stanno lavorando per sviluppare robot sempre più intelligenti e flessibili, in grado di svolgere un'ampia gamma di compiti.

Le tecnologie più costose raggiungono la maturità quando le industrie riescono a vedere un alto valore valore nelle loro applicazioni. Se le aziende hanno un'esigenza critica che una tecnologia in via di sviluppo è in grado di risolvere, spesso sono disposte a investire per l'adozione di quella tecnologia, con la promessa di ridurla in un secondo momento per ottenere risparmi più consistenti. La robotica non farà eccezione.

Altre applicazioni industriali specifiche in cui sono usati i robot comprendo la produzione automobilistica, qui i robot vengono utilizzati per assemblare le parti di un'automobile, come il motore, la carrozzeria e l'interno, nella produzione di elettrodomestici, i robot vengono utilizzati per assemblare i componenti di un elettrodomestico, come il motore, il pannello di controllo e gli accessori, nella
produzione di dispositivi elettronici, i robot vengono utilizzati per assemblare i componenti di un dispositivo elettronico, come il circuito stampato, i componenti elettronici e il case.

I robot vengono inoltre usati per imballare e movimentare i prodotti alimentari, vengono usati anche nella produzione di prodotti farmaceutici per assemblare i farmaci e movimentare i materiali.I robot stanno diventando sempre più sofisticati e versatili, e stanno trovando nuove applicazioni in una vasta gamma di industrie.

Fabbriche, magazzini e aziende di logistica stanno già utilizzando l'IA e la robotica. Oggi i robot sono già in grado di prelevare, spostare e manipolare molti oggetti.

La completa automazione di fabbriche e magazzini richiederà molto tempo, perché alcuni compiti richiedono la presenza dell'uomo che deve supervisionare le macchine in caso di errori.

L'agricoltura è settore dove la robotica può operare in modo sorprendente, mentre la produzione di un telefono, una camicia o una scarpa sono processi completamente diversi tra di loro, la concimazione, lo spargimento di insetticidi e la semina sono operazioni relativamente simili per molti tipi di colture.

I droni oggi sono già in grado di svolgere questi tre compiti per molti tipi di colture, mentre i robot stanno già raccogliendo mele, lattuga e altri tipi di frutta e verdura.

I robot lavorano 24 ore su 24 e 7 giorni su 7 non scioperano e raccolgono dati preziosi per lo sviluppo di nuove strategie grazie alle analisi fatte dall'intelligenza artificiale.

2.Applicazioni commerciali e di consumo della robotica

Le applicazioni industriali oggi stanno testando e migliorando le tecnologie robotiche, che nel tempo ridurranno il costo dei robot e delle loro parti di ricambio, mettendoli alla portata di un'ampia varietà di usi commerciali e di consumo.

Come è accaduto per altre tecnologie in passato, il braccio robotico usato nei laboratori automatizzati, potrà essere utilizzato come componente per servire le bevande in una caffetteria, e potrà dopo qualche anno essere utilizzato in casa per lavare i piatti o preparare il cibo quando il costo della sua produzione si ridurrà ulteriormente.

Potrebbe sembrare un film ma se si guarda la realtà basti vedere la piattaforma mobile prodotta e commercializzata da SEER Robotics e altre compagnia che promuovono prodotti come gli AMR ovvero robot per la logista interna dei magazzini che sempre più rapidamente stanno sostituendo le figure classiche dei magazzinieri. Un altro esempio e il robot per le pulizie di casa "Yuanyuan", il DeliveryBot simile a R2-D2[99], il DisinfectionBot simile a un ragno, il CleaningBot e il SeniorCareBot. e DogWalkingBot[100].

Alcuni di questi robot sono già attivi. In Cina ad esempio durante la quarantena del Covid 19 a Pechino, i pacchi e-commerce e il cibo venivano consegnati da robot.

Il pacco veniva posizionato su un robot per la logistica che si muove su ruote e assomiglia a R2-D2 del film Star Wars.

---

99   ABB – Robot, https://webshop.robotics.abb.com/uk/amr-mobile-robots.html - Innumerevoli robot per la logistica dalle forche automatiche ai robot per spostare i carrelli elevatori etc...
100 Unitree Shop – DogWalkingBot, https://shop.unitree.com/collections/frontpage/products/unitreeyushutechnologydog-artificial-intelligence-companion-bionic-companion-intelligent-robot-go1-quadruped-robot-dog

Il Robot è in grado di chiamare l'ascensore in modalità wireless, di navigare autonomamente fino alla porta del cliente e poi chiamare il suo telefono per annunciare il suo arrivo a destinazione in modo che il cliente può prendere il pacco, dopodiché finita la consegna il robot rientra nella recepsion del complesso residenziale.

I furgoni per le consegne autonomi per le consegne porta a porta sono in fase di sperimentazione nella Silicon Valley. Diverse aziende, tra cui Waymo, Nuro e Cruise, stanno testando questi veicoli in aree limitate, la consegna end-to-end dovrebbe essere pervasiva, con carrelli elevatori autonomi che spostano gli articoli in magazzino in modo simile a quanto accade oggi presso i magazzini di Amazon. Carrelli elevatori autonomi che movimentano gli articoli in magazzino, droni e veicoli autonomi che consegnano le i pacchi ai condomini e il robot R2-D2 che consegna il pacco a casa. Allo stesso modo, alcuni ristoranti utilizzano camerieri robotici per ridurre il contatto umano.

Non si tratta di robot umanoidi, ma di vassoi autonomi su ruote che consegnano l'ordine al tavolo (già presente in Mac Donalds in Slovenia).
Durante la pandemia del Covid 19 i camerieri robot erano un espediente e una misura di sicurezza per evitare il contaggio, ma presto potrebbero diventare parte del normale servizio al tavolo di molti ristoranti, ad eccezione di quelli di fascia più alta o di quelli che si rivolgono ai turisti, dove il servizio umano è parte integrante del fascino del ristorante.
I robot possono essere utilizzati negli hotel (per le pulizie e la consegna di biancheria, valigie e servizio in camera), negli uffici (come receptionist, guardie e addetti alle pulizie), negozi (per pulire i pavimenti e organizzare gli scaffali) e nei punti di informazione (per rispondere alle domande e fornire indicazioni negli aeroporti, negli hotel e negli uffici).

I robot domestici andranno oltre il Roomba[101] di oggi. I robot possono lavare i piatti (non come come una lavastoviglie, ma come una macchina autonoma in cui si possono ammassare tutte le pentole, utensili e piatti unti, senza rimuovere gli avanzi di cibo, con tutti i piatti che tutti i piatti che emergono puliti, disinfettati, asciugati e organizzati).

I robot possono cucinare non come un cuoco umanoide, ma come un robot da cucina automatico e connesso ad una pentola auto-riscaldante che cucina in modo automatico i piatti in base alla ricetta programmata e gestita dall'intelligenza artificiale[102].

Tutto questo non è fantascienza ma tecnologia già esistente e saranno perfezionati e integrati nei prossimi dieci anni grazie all'intelligenza artificiale.

---

101 Irobot – Roomba robot per le pulizie casalinghe, https://www.irobot.it/roomba/
102 Cfr. Traduzione AI 2041 Ten visons for our future, autore Chen KiuFan- Kai-fu Lee, trademarks of Penguin Random House LLC, cit. pagg.186-187

3.Digitalizzazione del lavoro e I.A.

Durante le quarantena della pandemia del COVID-19, tendenzialmente abbiamo eliminato limitato moltissimo i punti di contatto tra esseri umani e siamo stati costretti a svolgere innumerevoli attività online.

Questo cambiamento improvviso nel comportamenti degli esseri umani a livello globale ha avuto e sta ancora avendo conseguenze negative a lungo termine sulla psiche degli esseri umani che sono animali sociali. Ma abbiamo anche visto una maggiore flessibilità e produttività

produttività grazie ai nostri cambiamenti di abitudini. Lo stile di lavoro modernizzato e "intelligente" ha permesso a moltissime persone di lavorare quasi sempre da casa. Prima sentivamo che andare fisicamente in ufficio, viaggiare per lavoro e frequentare la scuola di persona fossero elementi essenziali della vita.

Ora abbiamo imparato che molte delle attività che pensavamo dovessero richiedesse un viaggio possono essere fatte in modo abbastanza efficiente online.

Mesi di permanenza a casa hanno scosso vecchie convinzioni e abitudini. Alla fine del 2020, Bill Gates aveva previsto che il 50 percento dei viaggi di lavoro sarebbero scomparsi e venissero sostituiti da efficienti riunioni virtuali.

Gates ha previsto anche che oltre il 30% dei dipendenti americani lavorerà da casa in modo quasi permanente. David Autor, economista del MIT, ha definito la pandemia di COVID-19 e la crisi economica come "un evento che ha forzato l'automazione"[103] e che è stato guidato dalla triplice necessità

---

103 TED - L'automatizzazione ci porterà via il lavoro?

di aumentare la produttività, ridurre i costi e aumentare la sicurezza delle persone.

Abbiamo visto che Zoom e altri servizi di videoconferenza passeranno alla storia come gli strumenti che hanno fatto girare il mondo durante la pandemia COVID-19. Questi sistemi di video call hanno reso possibili riunioni di squadra produttive, matrimoni gioiosi e aule attive per milioni di studenti.

Oggi la comunicazione video ci consente attraverso gli strumenti dell'intelligenza artificiale applicata ai video di creare avatar basati sull'intelligenza artificiale.

Come abbiamo visto nella sezione dedicata al Deep Fake la generazione di un video realistico della vostro volto che fa un discorso è molto più facile che replicare un essere umano nella vita reale. Un insegnante virtuale[104] può essere più divertente di un insegnante reale.

Un rappresentante virtuale del servizio clienti, un addetto alle vendite possono essere ottimizzati per la massima soddisfazione del cliente o al massimo guadagno, rispettivamente, mentre conducono una conversazione basata su tutto ciò che si conosce di un determinato cliente.

Come potrebbe essere possibile addestrare una IA ad avere il vostro volto e tenere moltecipi call in contemporanea e parlare di più argomenti in modo simultaneo con gli studenti, datori di lavoro, famiglia etc.. .

La digitalizzazione del flusso di lavoro rende più facile che mai la riorganizzazione,

https://www.ted.com/talks/david_autor_will_automation_take_away_all_our_jobs?source=google_plusone&language=it

104 Cfr. La discussione - Anche in Italia arrivano gli insegnanti virtuali,
https://ladiscussione.com/242809/societa/anche-in-italia-arrivano-gli-insegnanti-virtuali/

esternalizzare o automatizzare il lavoro.

Con la digitalizzazione del lavoro, i dati che ne derivano diventano il carburante perfetto per potenziare l'intelligenza artificiale. Ad esempio, il carico di lavoro di ogni lavoratore è caratterizzato dall'input e dall'output del lavoratore stesso.

Se l'IA è in grado di svolgere lo stesso carico di lavoro di un umano, ci sarà una forte tentazione ad automatizzarlo per risparmiare tempo e danaro. Storicamente, l'automazione tende a verificarsi quando le difficoltà economiche coincidono con la maturazione delle tecnologie.

Una volta che un'azienda ha sostituito un dipendente con un robot e ha sperimentato l'efficacia di quest'ultimo, è molto improbabile che torni indietro sulle sue scelte. Il vantaggio di avere dei Robot come dipendenti e che non si ammalano, non scioperano, non chiedono salari più alti per lavori pericolosi.

CAPITOLO VIII

REALTÀ VIRTUALE (VR), REALTÀ AUMENTATA (AR), E REALTÀ MISTA (MR), INTERFACCIA CERVELLO-COMPUTER (BCI), QUESTIONI ETICHE E SOCIALI

1.Che cosa sono AR/VR/MR e (XR)?

AR/VR/MR e XR[105] sono tutti acronimi che definiscono tutte le tecnologie che combinano il mondo reale con il mondo virtuale. AR, VR e MR sono termini specifici che si riferiscono a diversi tipi di esperienze immersive.

AR, o realtà aumentata, che sovrappone contenuti digitali al mondo reale. Ad esempio, un'app AR può sovrapporre informazioni su un monumento o una mappa su un paesaggio reale. VR, o realtà virtuale, immerge completamente l'utente in un mondo virtuale. L'utente indossa un visore VR che lo separa dal mondo reale e lo trasporta in un ambiente virtuale. MR, o realtà mista, è un'esperienza che combina elementi sia di AR che di VR. L'utente indossa un visore MR che gli consente di interagire con il mondo reale e con il mondo virtuale.

XR, o realtà estesa, è un termine generale che comprende e si riferisce a tutte le tecnologie immersive, tra cui AR, VR e MR. Alcuni esempi di applicazioni di AR/VR/MR includono l'educazione in cui l'AR/VR può

---

105 Cfr. Wikipedia – XR Realtà Virtuale, https://it.wikipedia.org/wiki/Extended_Reality - Extended reality (XR) è un termine che si riferisce a tutti gli ambienti combinati reali e virtuali e alle interazioni uomo-macchina generate dalla tecnologia informatica e dai dispositivi indossabili (Wearable), dove la "X" rappresenta una variabile per qualsiasi tecnologia di calcolo spaziale attuale o futura. Ad esempio, comprende forme rappresentative come la realtà aumentata (AR), la realtà mista (MR) e la realtà virtuale (VR) e le aree mescolate tra loro. I livelli di virtualità vanno dagli input parzialmente sensoriali alla virtualità immersiva, chiamata anche VR.

essere utilizzata per fornire agli studenti esperienze immersive che li aiutano a comprendere meglio i concetti.

La formazione in cui l'AR/VR può essere utilizzata per fornire ai lavoratori una formazione realistica e sicura. Nel gaming l'AR/VR può essere utilizzata per creare giochi più coinvolgenti e realistici.

L'e-commerce può essere un altro settore in l'AR/VR può essere utilizzata per consentire ai clienti di visualizzare i prodotti in modo più realistico e infine il comparto turistico dove l'AR/VR può essere utilizzata per offrire ai turisti esperienze immersive in luoghi lontani oppure ad esempio, un un turista che si trova in una città sconosciuta potrebbe chiedere alla guida o al museo un sistema AR per sapere quali sono i luoghi di interesse storico nelle vicinanze, e il sistema potrebbe fargli visualizzare delle bandierine sovrapposte alle strade strade reali per mostrargli ciò che desidera andare a vedere.

Quello che va compreso è che la realtà virtuale (VR) rende un ambiente virtuale completamente sintetizzato in cui l'utente è immerso. Il mondo VR è separato dal mondo del corpo dell'utente.

Al contrario, la realtà aumentata (AR) si basa sul mondo in cui l'utente si trova fisicamente, catturandolo attraverso una fotocamera e telecamera e poi sovrapponendovi un altro strato. Gli algoritmi AR sovrappongono contenuti (oggetti 3D, testo, video e simili) per creare una "lente" che fornisce all'utente una visione "extrasensoriale" del suo mondo.

Negli ultimi anni è emersa un'altra tecnologia, la realtà mista (MR), come forma più avanzata di AR.

La MR mescola mondi virtuali e reali in un mondo ibrido. Gli ambienti virtuali sintetizzati dalla MR[106] non sono una semplice somma di reale e virtuale, ma piuttosto un ambiente complesso costruito a partire da una descomposizione e una reinterpretazione completa della scena del mondo reale e virtuale al fine di fornire interattività con gli oggetti in esso contenuti.

---

106 Cfr. Airlapp - MR Realtà Mista, https://airlapp.com/blog/realta-mista-mr/ - La Mixed Reality (MR) da definizione è la fusione del mondo reale con quello virtuale che permette di creare nuovi ambienti in cui persone, oggetti fisici e digitali coesistono e interagiscono in tempo reale.

2.Tecnologia VR/AR/MR (XR): I sensi dell'uomo

Un'esperienza immersiva dovrebbe essere quella in cui l'utente sperimenta

le stesse sensazioni che proverebbe in un ambiente reale e non è in grado di distinguere tra ciò che è reale e ciò che è sintetizzato. Affinché un'esperienza sensoriale sia realistica, dobbiamo ingannare il nostro senso più acuto, la vista.

Si pensi a come il "gioco AR" Pokémon Go[107] ha utilizzato lo schermo di un telefono come finestra sul mondo reale con con personaggi sintetici dei cartoni animati, utilizzando abilmente giroscopi e i sensori di movimento del telefono per modificare la visione e persino interagire con la scena.

È stato un gioco popolare perché era nuovo, ma l'esperienza dell'utente era intrappolata nel piccolo schermo dei dispositivi mobili. Non era era completamente coinvolgente e non ha rivoluzionato l'esperienza dell'utente.

Un'esperienza molto più coinvolgente può essere offerta dai display montati sulla testa (HMD o anche Head mounted display, casco per la visualizzazione stereoscopica immersiva), che possono assomigliare a caschi o occhiali. Un HMD[108] ha due schermi davanti ai nostri due occhi.

I due schermi mostrano immagini leggermente diverse per ingannare i nostri occhi e farli "vedere in 3D" (come gli occhiali 3D usati con i televisori). Un'esperienza XR è anche immersiva e interattiva. L'immersività richiede un campo visivo di almeno 80 gradi e di solito più ampio. E l'interazione richiede che quando la testa o il corpo si muovano,

---

107 Cfr. Repubblica - Il metaverso del mondo reale secondo i creatori di Pokemon Go, https://www.repubblica.it/tecnologia/2022/05/25/news/il_metaverso_del_mondo_reale_secondo_i_creatori_di_pokemon_go-351134792/

108 Cfr. Wikipedia – HMD Head Mounted Display   , https://it.wikipedia.org/wiki/Head-mounted_display

l'utente vede visioni diverse. Si noti inoltre che per la VR, l'HMD non è tipicamente "trasparente", perché l'intera scena è sintetizzata. Per AR e MR, invece, l'HMD è dotato di lenti trasparenti (direttamente o otticamente) e il mondo reale viene mescolato con oggetti sintetici e poi inviato all'utente.

I primi dispositivi per una immersione nella realtà virtuale erano goffi e scomodi, ma hanno permesso agli scienziati di testare e migliorare le tecnologie.

Questi dispositivi erano pesanti caschi HMD collegati a un computer mainframe con cavi fisici. Questa configurazione era necessaria per poter utilizzare la potenza di calcolo del computer mainframe, la velocità della trasmissione dei dati del cavo fisico e schermi grandi e pesanti montati in HMD ancora più grandi. Sebbene scomoda e poco attraente, questa configurazione aveva un ruolo importante: fornire un ambiente di laboratorio in cui gli scienziati potessero testare e migliorare le tecnologie.

Negli ultimi decenni, sono stati apportati notevoli miglioramenti in termini di rete, risoluzione, frequenza di aggiornamento e latenza. Con l'arrivo del Wi-Fi e del 5G, i dispositivi sono diventati wireless.

Le nuove tecnologie elettroniche e di visualizzazione hanno ridotto le dimensioni degli HMD da caschi a occhiali. Questi miglioramenti hanno reso i dispositivi immersivi più accessibili e convenienti, rendendoli adatti a un'ampia gamma di applicazioni, tra cui giochi, formazione e intrattenimento. Grazie alla legge di Moore i miglioramenti delle CPU hanno reso possibile l'eliminazione del computer mainframe ed eseguire i calcoli nei chip dell'HMD.

Così è iniziata la commercializzazione di XR. Le tecnologie AR/VR sono state oggetto di un intenso interesse da parte di aziende e investitori negli ultimi anni. Tuttavia, questo interesse non è stato accompagnato da un'adozione di massa. Una serie di fattori ha contribuito a questa situazione.

Innanzitutto, i dispositivi AR/VR sono ancora oggi costosi e scomodi da indossare. In secondo luogo, la mancanza di contenuti di alta qualità ha limitato l'appeal di queste tecnologie. Le aziende hanno faticato a trovare modelli di business sostenibili per le tecnologie AR/VR. L'HoloLens[109] di Microsoft è uno dei pochi prodotti AR/VR che è riuscito a sopravvivere alla bolla di questa tecnologia. Tuttavia, l'HoloLens è ancora un prodotto costoso e rivolto a un pubblico aziendale.

Google Glass e Snapchat Spectacles ad esempio non hanno avuto successo per diversi motivi.

Tra questi, il principale è che questi prodotti miniaturizzati non hanno più fornito l'esperienza ad alta fedeltà di HoloLens ma si stanno provando nuovi modelli e tecnlogie per aumentare la qualità delle immagini.

Google Glass[110], Spectacles[111] di Snapchat e gli ultimi arrivati Ray-Ban Stories sono un tentativo di integrare sempre di più i Social Media con la nostra vita quotidiana.

Nel 2020, il team di Facebook Oculus[112] ha presentato un prototipo di occhiali VR con lenti dello spessore di un solo centimetro. Questi sviluppi suggeriscono che un set di occhiali XR prodotti in serie dovrebbe dovrebbe

---

109   Cfr. Microsoft – Hololens, https://www.microsoft.com/it-it/hololens

110   Cfr. Digitalic - Dai Google Glass ad oggi: come cambiano i social con la tecnologia indossabile
      https://www.digitalic.it/social-network/dai-google-glass-ad-oggi-wearable-per-i-social

111   Spectacles - https://www.spectacles.com/it/ - Crea il mondo che vuoi vedere con gli Spectacles, il
      nostro primo paio di occhiali in grado di dare vita alla realtà aumentata, ridefinendo il modo in
      cui interagiamo con l'ambiente che ci circonda e vi sovrapponiamo l'informatica.

112   Cfr. Meta – Oculus, https://www.meta.com/it/quest/products/quest-2/

arrivare sul mercato entro il 2025.

Oltre agli occhiali XR, ci sono anche le lenti a contatto XR . Diverse start-up stanno già lavorando per sviluppare lenti a contatto XR. I loro prototipi dimostrano che display e sensori possono essere incorporati nelle lenti a contatto, rendendo visibili testi e immagini.

Queste lenti a contatto richiedono comunque una CPU esterna per l'elaborazione, che può essere effettuata da un telefono cellulare.

3.Le grandi sfide della tecnologia XR: L'interfaccia cervello macchina

Il modo più naturale di vedere un ambiente virtuale è a occhio nudo, come un'olografia. Se come abbiamo visto l'XR a occhio nudo è l'output più naturale, l'input più naturale deve essere l'interfaccia cervello-computer (BCI Brain Computer Interface).

Nel 2020 ci sono state grandi novità Neuralink[113] di Elon Musk, che ha dimostrato una BCI pratica incorporando tremila elettrodi sottilissimi, in grado di monitorare l'attività di mille neuroni cerebrali nel cervello di un maiale.

Questa strada di ricerca promette di trattare le lesioni del midollo spinale e le malattie neurologiche come l'Alzheimer. Ma l'osservazione che ha catturato l'attenzione dei media è stata l'ottimistica convinzione di Musk che ciò avrebbe portato alla possibilità di scaricare e caricare i dati dell'attività cerebrale, consentendoci di salvare e riprodurre i ricordi, di inserire i ricordi in altre persone, o di conservarli per l'immortalità.

Numerosi problemi rimangono irrisolti. Per esempio, le sonde coprono solo una piccola parte del cervello. Le sonde possono danneggiare il cervello umano. Inoltre la scienza non ha ancora compreso come dare un senso a questi segnali, quindi per ora abbiamo solo segnali grezzi senza significato.

Il caricamento è ancora più complicato, perché altereremmo un cervello umano vivo, il che comporterebbe chiaramente implicazioni etiche, di privacy e di salute.

---

113   Cfr. Economist - Elon Musk enters the world of brain-computer interfaces
      https://www.economist.com/science-and-technology/2017/03/31/elon-musk-enters-the-world-
      of-brain-computer-interfaces

Ci sono altri esempi del rilevamento dell'attività cerebrale tramite mezzi meno invasivi[114] che usano l'EEG e l'intelligenza artificiale, come quello di utilizzare dei caschi con sensori appoggiati al cuoio capelluto in grado di rilevare l'attività cerebrale e fornire informazioni per l'elaborazione all'intelligenza artificiale.

---

114 G.TEC - BRAIN-COMPUTER INTERFACE & NEUROTECHNOLOGY - https://www.gtec.at/ High-performance medical products for invasive and non-invasive use with the brain in research and clinical environment

4.Questioni etiche, sociali e di privacy al tempo della XR

Negli altri capitoli si sono viste le sfide tecniche e sanitarie nella divulgazione dell'XR. dell'XR. Altrettanto scoraggianti sono le questioni etiche e sociali inerenti a queste tecnologie.

Se un individuo indossa dispositivi come occhiali o lenti a contatto per tutto il giorno, sta raccogliendo informazioni su ogni cosa, persona, luogo o situazione ogni giorno. Da un lato, è meraviglioso avere la possibilità di avere un "deposito di memoria infinita".

Se un cliente vuole venir meno a un impegno, un assicuratore ad esempio sarà in grado di cercare e trovare il video in cui ha dichiarato ufficialmente il suo assenso ad un contratto assicurativo ad esempio.

E se i dati registrati in questa modalità finissero nelle mani sbagliate? O se vengono utilizzati da un'applicazione di cui ci si fida ma ha un'esternalità sconosciuta? È chiaro che con il progresso in atto i Governi dovranno sviluppare regolamenti e leggi che tengano in considerazione anche questi aspetti dell'XR , gli esseri umani dovranno abituarsi a un mondo con molti più problemi di privacy ed esternalità rispetto a quelli attuale in cui sta vivendo.

Molti pensano che gli smartphone e le app sappiano già troppo delle loro abitudini e di moltissime altre informazioni. l'XR porterà la situazione a un livello completamente nuovo.

Esiste già un numero crescente di influencer virtuali[115] sui social network che vengono usati dalle case di moda con il loro profilo Facebook e Twitter e che hanno un seguito veramente ampio.

---

115 Cfr. Storytelling e intelligenza artificiale - Joseph Sasson, Ed. Franco Angeli, 2023, pag.36

È solo questione di tempo prima che la maggior parte di essi sia alimentata dall'intelligenza artificiale e dalla VR e diventino autonomi grazie alla potenza di calcolo della IA. Se l'intelligenza artificiale trasforma i dati che gli arrivano in conoscenza, l'XR raccoglierà una quantità ancora più grande di dati dagli esseri umani da inviare alla IA, dagli occhi, dalle orecchie, dagli arti e, infine, dai cervelli. L'IA e l'XR insieme rappresentano la possibilità di espandere le possibilità dell'esperienza umana oltre i limiti in cui vive oggi l'umanità.

CAPITOLO IX

VEICOLI AUTONOMI, PIENA AUTONOMIA E CITTÀ INTELLIGENTI, QUESTIONI ETICHE E SOCIALI

1.Cos'è un veicolo autonomo?

Da Knight Rider a Minority Report, la fantascienza ci ha presentato l'arrivo dei veicoli autonomi (AV) come un evento scontato. I veicoli autonomi[116] sono uno degli aspetti in cui l'intelligenza artificiale e in fase di prova.

La guida di un veicolo è una cosa molto complessa, in ambienti incerti con la possibilità che accadano eventi improbabili. Di base, un AV, o auto a guida autonoma, è un veicolo controllato da un computer che si guida da solo. Gli esseri umani impiegano circa quarantacinque ore per imparare a guidare, quindi è un compito molto complesso.

La guida umana implica la percezione, la navigazione e la pianificazione (associare l'ambiente circostante alle posizioni su una mappa e portarci dal punto A al punto B), l'inferenza (prevedere le intenzioni e le azioni dei pedoni e degli altri automobilisti), il processo decisionale (applicare le regole della strada alle situazioni) e il controllo del veicolo (tradurre l'intenzione in una rotazione del sterzo, al freno e così via).

Il veicolo utilizza una combinazione di sensori, telecamere, radar e intelligenza artificiale per rilevare l'ambiente circostante e prendere decisioni sulle azioni da intraprendere.

---

116 Cfr. Wikipedia – Autovettura autonoma, https://it.wikipedia.org/wiki/Autovettura_autonoma

I veicoli autonomi controllati dall'IA sono ancora in fase di sviluppo, ma hanno il potenziale di rivoluzionare il modo in cui ci spostiamo. Questi veicoli potrebbero rendere le strade più sicure, efficienti e accessibili. Come funziona un veicolo autonomo controllato dall'intelligenza artificiale?

Un veicolo autonomo controllato dall'AI utilizza una serie di sensori per rilevare l'ambiente circostante. Questi sensori includono, le telecamere che vengono utilizzate per rilevare oggetti e persone nell'ambiente circostante, il radar che viene utilizzato per rilevare oggetti in movimento nell'ambiente circostante e per finire il LiDAR[117] che utilizza un laser per scansionare e creare una mappa 3D dell'ambiente circostante.

I dati raccolti dai sensori vengono elaborati dall'intelligenza artificiale per prendere decisioni sulle azioni da intraprendere. L'intelligenza artificiale utilizza un algoritmo di machine learning[118] per imparare dalle esperienze passate e migliorare le sue prestazioni nel tempo.

Un veicolo autonomo guidato dall'IA, anziché da un essere umano, utilizza reti neurali al posto del cervello e componenti meccanici al posto di mani e piedi.

L'intelligenza artificiale utilizza algoritmi per prevedere le intenzioni di automobili o dei pedoni, ad esempio prendere delle decisioni, come reagire alla presenza di un ostacolo quando viene rilevato e cosa fare se l'ostacolo si sposta.

I veicoli autonomi sono in fase id sviluppo, oggi si va nella direzione che si sta passando dalla pura assistenza dell'essere umano fino a non richiedere

---

117 Cfr. Wikipedia - LiDAR, https://it.wikipedia.org/wiki/Lidar
118 Cfr. Oracle – Machine Learning, https://www.oracle.com/it/artificial-intelligence/machine-learning/what-is-machine-learning/

più la presenza di un conducente umano.

Queste fasi sono classificate dalla Society of Automotive Engineers a partire dal "Livello 0" al "Livello 5".

La Society of Automotive Engineers (SAE) è un'associazione professionale internazionale che si occupa di ingegneria automobilistica. La SAE conta oltre 128.000 membri in tutto il mondo, tra cui ingegneri, tecnici, scienziati e professionisti del settore automobilistico a cui fornisce i standard costruttivi come il SAE J3061 uno standard per i sistemi di guida autonoma.

Ritornando alle classificazioni delle fasi ad esempio L0 (nessuna automazione): l'uomo si occupa della guida, mentre l'IA sorveglia la strada e avvisa il conducente quando lo ritiene opportuno.

L1 ("hands on") - L'IA può svolgere un compito specifico solo se il conducente umano la attiva, come ad esempio sterzare.

L2 ("hands off") - L'IA può svolgere più compiti (come sterzare, frenare e accelerare), ma si aspetta comunque che l'uomo supervisione e che subentri quando necessario.

L3 ("eyes off"): l'IA può assumere il controllo della guida, ma deve essere pronta a cederlo quando necessario all'essere umano che deve essere pronto a subentrare su richiesta dell'IA. (Ci sono scettici che si chiedono se un passaggio di consegne improvviso possa aggravare il pericolo, anziché mitigarlo).

L4 ("mind off") - L'IA può assumere completamente il controllo della guida per un per un intero viaggio, ma solo su strade e in ambienti che l'IA comprende, come strade cittadine e autostrade mappate in alta definizione.

L5 ("volante facoltativo"): non è necessario l'intervento dell'uomo, per qualsiasi strada e ambiente. Si può pensare alle versioni da L0 a L3 come agli optional extra di una nuova auto, che un umano continua a guidare con gli strumenti dell'intelligenza artificiale. Avranno un impatto limitato sul

sul futuro dei trasporti. A partire dalla fase L4, il mezzo comincia ad avere una mente propria e questo potrà avere un impatto rivoluzionario sulla nostra società.

Un mezzo L4 potrebbe ad esempio essere un autobus autonomo che circola su un percorso fisso, un mezzo L5, invece potrebbe essere un robot-taxi chiamato da un'applicazione simile a Uber.

2.Quando arriveranno sul mercato i veicoli autonomi?

Le versioni da L0 a L3 sono ora disponibili nei veicoli commerciali, mentre la versione L4 è stata sperimentata in alcune zone limitate di alcune città alla fine del 2018. Ma il raggiungimento dell'L5 (e di un L4 meno vincolato) resta ancora lontano.

Un ostacolo importante per il raggiungimento dell'L5 è che l'intelligenza artificiale deve essere addestrata su grandi quantità di dati rappresentativi della "guida reale" in molti scenari.

Tuttavia, il numero di tali scenari e il grado di variabilità richiesto sono immensi, attualmente non esiste un modo fattibile per raccogliere possibili permutazioni di tutti gli oggetti sulla strada, che si muovono in tutte le direzioni e in tutte le condizioni atmosferiche. La sfida più grande per L5 è che una volta che la guida sarà affidata all'intelligenza artificiale, il costo di un errore potrebbe essere estremamente elevato. Se Amazon consiglia erroneamente un prodotto, non è un problema. Ma se un Veicolo Autonomo commette un errore, questo potrebbe costare la vita di una o più persone.

A causa di queste sfide, molti esperti ritengono che l'L5 sia una soluzione da proporre tra 20 anni quando la tecnologia sarà più avanzata e le città saranno più "Intelligenti"[119].

Oggi una delle applicazioni dei veicoli autonomi più semplici di cui si è accennato nel capitolo VII 7 già in uso include i robot mobili autonomi[120] (AMR) e i carrelli elevatori autonomi, perché questi veicoli autonomi operano in ambienti chiusi (come i magazini di Amazon).

---

119 Cfr. Wikpedia – Citta Intelligente, https://it.wikipedia.org/wiki/Citt%C3%A0_intelligente
120 Cfr. Dematic – AMR Robot monili autonomi, https://www.dematic.com/it-it/products/amr/

Un altro veicolo autonomo interessante è il camion di trasporto autonomo in luoghi dove i con percorsi fissi possono essere predefiniti, come le miniere e terminal aeroportuali.

Molte auto oggi vengono vendute con funzioni da L1 a L3, come l'autoparcheggio e la funzione di smart-summon di Tesla. Smart Summon è una funzione dei veicoli Tesla che consente al conducente di richiamare l'auto da un parcheggio o da un'altra posizione vicina, senza dover essere al volante.

La funzione utilizza i sensori e le telecamere del veicolo per navigare nell'ambiente circostante e evitare ostacoli.

Per utilizzare Smart Summon[121], il conducente deve aprire l'app Tesla sullo smartphone e selezionare l'icona "Smart Summon". Il conducente può quindi specificare la posizione in cui desidera che l'auto si rechi. L'auto inizierà quindi a muoversi verso la posizione specificata, evitando ostacoli e fermandosi secondo necessità.

---

121 Cfr. Tesla - Smart Summon,
https://www.tesla.com/ownersmanual/2012_2020_models/it_it/GUID-6B9A1AEA-579C-400E-A7A6-E4916BCD5DED.html La funzione Smart Summon è progettata per consentire alla Model S di raggiungere il conducente (utilizzando il GPS del telefono come destinazione) oppure una posizione a scelta, evitando eventuali ostacoli e arrestandosi secondo necessità. La funzione Smart Summon funziona con l'app mobile Tesla non appena il telefono viene rilevato a circa 6 metri dalla Model S.

3.Cosa può ostacolare la crescita della tecnologia dei veicoli autonomi?

La tecnologia dei veicoli autonomi indubbiamente ha tutte le carte in regola e il potenziale di portare una vera e propria rivoluzione nella mobilità. Tuttavia, la tecnologia è ancora in fase di sviluppo e deve superare una serie di sfide tecnologiche e legali prima di poter essere adottata su larga scala.

Ci sono diversi fattori che possono ostacolare la l'immissione sul mercato di questi nuovi veicoli uno di questi fattori e che la tecnologia dei veicoli autonomi è ancora in fase di sviluppo e deve essere migliorata per garantire la sicurezza e l'affidabilità. I veicoli autonomi devono essere in grado di rilevare e reagire a una vasta gamma di situazioni, tra cui condizioni meteorologiche avverse, indenti ad altri veicoli sulla carreggiata, traffico intenso e pedoni imprevisti.

La legislazione e il codice della strada devono essere aggiornati sul problema dei veicoli autonomi per consentire la loro commercializzazione. Le autorità di regolamentazione devono ancora sviluppare uno standard di sicurezza e affidabilità per questo tipo di veicoli.

Un altro problema da non sottovalutare è l'accettazione pubblica di questi veicoli senza conducente. Diversi consumatori sono preoccupati per la sicurezza dei veicoli autonomi su strada come nel caso in cui una autopompa dei Vigili del fuoco a San Francisco[122] che si è trovata in piena emergenza nell'impossibilità di sorpassare un autobus perché nell'altra

---

122 Cfr. Wired - San Francisco ha un problema con le auto a guida autonoma
https://www.wired.it/article/guida-autonoma-san-francisco-incidenti/ - Negli ultimi tempi i veicoli senza conducente hanno creato diversi grattacapi nella città, mentre le aziende puntano a lanciare i primi servizi di trasporto passeggeri

corsi c'è una macchina senza conducente che bloccava la strada, un altro problema è il potenziale impatto sull'occupazione con perdita di posti di lavoro come i taxi, trasporto pubblico etc.. .

Un altro problema che devono affrontare i ricercatori e i produttori di veicoli autonomi è migliorare il rilevamento di oggetti e persone in strada, i veicoli autonomi devono essere in grado di rilevare e reagire a una vasta gamma di oggetti e persone, inclusi pedoni, ciclisti, animali e altri veicoli.

Questo può essere difficile in condizioni meteorologiche avverse o in ambienti congestionati. In diversi casi l'IA che controlla il veicolo deve essere in grado di prendere decisioni rapide e accurate in situazioni impreviste. Queste decisioni possono essere alquanto complicate, soprattutto nelle situazioni in cui la sicurezza umana è a rischio.

I veicoli autonomi devono essere in grado di interagire correttamente con l'ambiente circostante inclusa la capacità di rispettare i segnali stradali, di attraversare incroci e parcheggiare correttamente senza danneggiare altri veicoli o esseri umani.

Nonostante queste sfide, la tecnologia dei veicoli autonomi continua a svilupparsi rapidamente. È probabile che, nel corso dei prossimi anni, questi veicoli supereranno le sfide attuali e diventeranno più accessibili e convenienti.

Quando i veicoli autonomi a livello L05 saranno pronti e si vedranno per le strade ci saranno certamente dei problemi legati alla sicurezza degli individui prima degli incidenti automobilistici e dopo.

L'intelligenza artificiale su che base potrà decidere in caso per evitare un possibile incidente? Come farà a scegliere come comportarsi?

Oggi, quando i conducenti umani causano incidenti mortali, rispondono davanti alla legge, se hanno agito correttamente e in caso contrario, la legge determina le conseguenze dal punto di vista penale e civile. Ma cosa succede se è l'intelligenza artificiale a causare l'incidente?

L'IA può spiegare il suo processo decisionale in modo umanamente comprensibile e legalmente e moralmente giustificabile? È difficile ottenere una "IA comprensibile in senso umano" perché l'IA viene addestrata attraverso il deep learning da dati, e la risposta dell'IA è una complessa equazione matematica, che deve essere semplificata per essere comprensibile all'uomo.

Un altro problema sarà come si potrà bilanciare il sostentamento di milioni di

milioni di camionisti rispetto ai milioni di ore risparmiate dai veicoli autonomi?

È accettabile avere un'intelligenza artificiale provvisoria che commette errori che gli esseri umani non farebbero? Va anche considerata la possibilità che la IA potrebbe dimezzare nell'arco di 5 anni dal suo momento di ingresso sul mercato gli incidenti mortali, perché l'IA grazie al deep learning migliorerà il suo stile di guida dopo aver imparato da miliardi di chilometri di esperienza. Ma la domanda vera che ogni esser e umano dovrebbe farsi è dovremmo mai lasciare che una macchina prenda decisioni che possono danneggiare delle vite umane?

In tal senso oggi ci sono due approcci distinti che vengono adottati. Il primo è l'approccio che ha Waymo[123], ovvero quello che prima di rilasciare un veicolo L05, essere estremamente prudenti e raccogliere dati lentamente in ambienti sicuri, evitando così gli incidenti mortali.

---

123 Cfr. Waymo – Veicoli autonomi, https://waymo.com/

Waymo ha iniziato a testare i suoi veicoli autonomi a Phoenix, in Arizona, nel 2017.

Nel corso degli anni, ha ampliato i suoi test a diverse città degli Stati Uniti, tra cui San Francisco, Mountain View e Austin.

Nel 2020, Waymo ha lanciato un servizio di taxi autonomi a Phoenix. Il servizio è ancora in fase di test e non è disponibile al pubblico in generale.

Il secondo approccio è quello di Tesla[124] ovvero lanciare il prodotto non appena l'IA è ragionevolmente sicura, e raccogliere molti dati, sapendo che in un ambiente sicuro l'IA non è più un problema, anche se all'inizio alcune vite potrebbero esser ein pericolo.

L'approccio di Tesla è stato anche criticato per la sua sicurezza. I veicoli di Tesla hanno avuto una serie di incidenti, anche se la maggior parte di questi incidenti non è stata grave.

Quale dei due approcci è il migliore? Se dovesse esserci una vittima in un incidente con un veicolo autonomo, chi è responsabile? Il produttore dell'auto? Il fornitore di algoritmi di intelligenza artificiale? L'ingegnere che ha scritto l'algoritmo? Il conducente umano di riserva? Non c'è una risposta ovvia, ma i responsabili politici dovranno prendere presto una decisione, solo quando la responsabilità è chiara, è possibile costruire l'ecosistema intorno ad essa.

Per esempio, le società di carte di credito sono responsabili delle perdite dovute alle frodi, non la banca, il negozio o il proprietario della carta di credito. Man mano che la tecnologia si sviluppa la società ha bisogno di leggi che proteggano le persone da software non sicuro da un parte e dall'altra si deve anche garantire che il miglioramento tecnologico non si

---

124 Cfr. Wired - Il pilota automatico di Tesla ha causato oltre 700 incidenti in tre anni
https://www.wired.it/article/pilota-automatico-tesla-incidenti/

blocchi a causa di incidenti che possono causare alle compagnie produttrici indennizzi eccessivi.

CAPITOLO X

COMPUTER QUANTISTICI, SICUREZZA DEI BITCOIN, GUERRA DEI ROBOT ARMI AUTONOME E MINACCIA ESISTENZIALE PER L'UMANITA'

1.Informatica quantistica

La tecnologia è intrinsecamente neutra: sono le persone che la usano per scopi sia per il bene che per il male. Le tecnologie dirompenti possono diventare il fuoco di Prometeo o il vaso di Pandora, a seconda dell'uomo che le utilizza.

L'informatica quantistica[125] è un campo dell'informatica che utilizza i principi della meccanica quantistica per elaborare informazioni. La meccanica quantistica[126] è una teoria fisica che descrive il comportamento della materia e dell'energia a livello atomico e subatomico.

I computer quantistici utilizzano qubit, che sono i bit quantistici. I qubit[127] possono essere in uno stato di sovrapposizione, che significa che possono essere in due stati contemporaneamente. Questo permette ai computer quantistici di eseguire calcoli molto più velocemente dei computer classici. L'informatica quantistica ha il potenziale di rivoluzionare molti settori, tra cui la medicina, la finanza, la ricerca e lo sviluppo e la sicurezza.

---

125 Cfr. Wikipedia - Informatica quantisitica, https://it.wikipedia.org/wiki/Informatica_quantistica

126 Cfr. Wikipedia - Meccanica quantisitica, https://it.wikipedia.org/wiki/Meccanica_quantistica

127 Cfr. Wikipedia - Qubit, https://it.wikipedia.org/wiki/Qubit

Un computer quantistico[128] (o "QC", usato anche per riferirsi al quantum computing) è una nuova architettura di computer che utilizza il calcolo quantistico, è una nuova architettura di computer che usa la meccanica quantistica per eseguire alcuni tipi di calcolo in maniera molto più efficiente di quanto possa fare un computer classico. I computer classici si basano sui "bit".

Il bit è come un interruttore: può essere zero (se spento) o uno (se acceso). Ogni applicazione, sito web o di fotografia è composta da milioni di bit. L'uso dei bit binari rende i computer classici più facili da costruire e da controllare, ma limita anche il loro potenziale nell'affrontare problemi informatici di difficile soluzione.

Al posto dei bit, i computer quantistici utilizzano bit quantistici, o qubit, che sono particelle subatomiche[129] come elettroni o fotoni. I qubit[130] seguono i principi della meccanica quantistica sul comportamento delle particelle atomiche e subatomiche, che includono proprietà insolite che conferiscono loro capacità di elaborazione.

La prima di queste proprietà è la super-posizione, ovvero la capacità di ogni qubit di trovarsi in più stati in un determinato momento.

Questo permette a più qubit in super-posizione di elaborare un gran numero di risultati simultaneamente. Se si chiede all'intelligenza artificiale di un computer classico di capire come vincere in un gioco, proverà varie mosse e le rielaborerà nella sua "testa" fino a quando non trova un percorso

---

128 Cfr. IBM - Quantum Computing, https://www.ibm.com/it-it/topics/quantum-computing
129 Cfr. Wikipedia – Particella subatomica, https://it.wikipedia.org/wiki/Particella_subatomica
130 Cfr. AI4BUSINESS - Qubit, cos'è, quanto vale, come funziona,
     https://www.ai4business.it/ricerca/qubit-cose-quanto-vale-come-funziona/ Nell'informatica quantistica, il classico elemento circuitale a due stati (il transistor) è sostituito da un elemento quantico chiamato bit quantico. I nuovi computer quantistici funzionano con paradigmi totalmente nuovi rispetto ai computer classici, sfruttando fenomeni quantomeccanici come sovrapposizione quantistica degli stati ed entanglement.

vincente.

Ma una IA costruita su un QC proverà tutte le mosse in modo estremamente efficiente, con una riduzione esponenziale della complessità.

La seconda proprietà è l'entanglement[131], che significa che due qubit restano collegati, in modo che le azioni eseguite su uno di essi si ripercuotano sull'altro, anche se separati da grandi distanze.

Grazie all'entanglement, ogni qubit aggiunto a una macchina quantistica aumenta esponenzialmente la sua potenza di calcolo. Per raddoppiare un supercomputer classico da 100 milioni di dollari, bisognerebbe spendere altri 100 milioni di euro. Per raddoppiare l'elaborazione quantistica, è sufficiente aggiungere un altro qubit.

Queste sorprendenti proprietà hanno un costo. Il CQ è molto sensibile a piccoli disturbi del computer e dell'ambiente circostante. Anche lievi vibrazioni, interferenze elettriche, cambiamenti di temperatura o onde magnetiche possono causare la super-posizione a decadere o addirittura a scomparire.

Per realizzare un QC funzionante e scalabile i ricercatori devono inventare nuove tecnologie e costruire camere a vuoto d'aria senza precedenti, superconduttori e sistemi di raffredamento per minimizzare le perdite di coerenza quantistica o "decoerenze", causate dall'ambiente. A causa di queste sfide, gli scienziati hanno impiegato molto tempo per aumentare il numero di qubit in QC, dai 2 del 1998 ai 65 del 2020, che sono ancora troppo pochi per fare qualcosa di utile.

Tuttavia, anche con poche decine di qubit, alcune operazioni di calcolo possono essere eseguite con il QC un milione di volte più velocemente

---

131 Cfr. Wikipedia – Entanglemet quantistico, https://it.wikipedia.org/wiki/Entanglement_quantistico

rispetto ai computer classici.

Google ha provato a dimostrare la "supremazia quantistica" per la prima volta nel 2019, dimostrando sostanzialmente che un QC a 54 qubit può risolvere in pochi minuti un problema (in questo caso inutile) che richiederebbe anni ai computer classici. Anche se in teoria è tutto perfetto lo studio, pubblicato su arXiv[132], svela infatti che usando un algoritmo differente rispetto a quello impiegato da Google nella sua dimostrazione sia stato possibile ottenere addirittura prestazioni teoricamente superiori a quelle di Sycamore con un supercomputer tradizionale, questo risultato dice chiaramente che si dovranno aspettare ancora anni prima che questa tecnologia dia dei risultati utilizzabili.

IBM mostra che il numero di qubit raddoppierà ogni anno per i prossimi tre anni. prossimi tre anni, con un processore da 1.000 qubit previsto per il 2023. Poiché 4.000 qubit logici dovrebbero essere sufficienti per alcune applicazioni utili, come ad esempio, la rottura della crittografia Bitcoin.

I ricercatori IBM riconoscono che il controllo degli errori causati dalla decoerenza peggiorerà con l'aggiunta di altri qubit.

Il famoso fisico Richard Feynman nel 1980, disse "Se si vuole fare una simulazione della natura, è meglio che sia quantomeccanica".

2.Applicazioni di informatica quantistica alla sicurezza

---

132 Cfr. Edge9.hwupgrade.it - Il computer quantistico di Google non ha raggiunto la supremazia quantistica, alla fine, https://edge9.hwupgrade.it/news/innovazione/il-computer-quantistico-di-google-non-ha-raggiunto-la-supremazia-quantistica-alla-fine_102819.html

Il Bitcoin[133] è di gran lunga la criptovaluta più grande che può essere scambiata con altri beni come oro e contanti. Ma a differenza dell'oro, non ha un valore intrinseco. A differenza del denaro contante, non è sostenuta da alcun governo o banca centrale. I Bitcoin esistono virtualmente su Internet, con transazioni garantite da un calcolo infrangibile da parte di computer classici.

I Bitcoin sono anche computazionalmente garantiti per essere non più di 21 milioni di monete, evitando così l'eccesso di offerta e l'inflazione. I Bitcoin sono diventati particolarmente interessanti dopo il COVID-19, perché aziende e privati sono alla ricerca di asset sicuri e resistenti all'inflazione causata dal quantitative easing[134] delle banche centrali. In quanto bene rifugio ingegnerizzato, i bitcoin si sono apprezzati in modo sostanziale. Nel gennaio 2021, il valore totale dei bitcoin ha superato i 1.000 miliardi di dollari.

Rubare bitcoin sembra un'azione insignificante rispetto alle grandi applicazioni descritte in precedenza per la QC, ma in realtà è un problema noto per essere risolvibile un modesto QC, e quindi probabilmente la prima applicazione redditizia del QC. Mentre alcune delle applicazioni quantistiche richiederanno anni per essere sviluppate, la violazione di alcuni tipi di crittografia è relativamente semplice.

Tutto ciò che si deve fare è implementare l'algoritmo quantistico contenuto nell'articolo fondamentale del 1994 del professor del MIT Peter Shor[135].

---

133 Wikipedia – Bitcoin, https://it.wikipedia.org/wiki/Bitcoin
134 Treccani – Quantitative Easing, https://www.treccani.it/enciclopedia/quantitative-easing
135 Cfr. Wikipedia - Algoritmo di fattorizzazione di Shor,
     https://it.wikipedia.org/wiki/Algoritmo_di_fattorizzazione_di_Shor - L'algoritmo di
     fattorizzazione di Shor è un algoritmo ideato da Peter Shor nel 1994 per risolvere il problema
     della fattorizzazione dei numeri interi in numeri primi. Su un computer quantistico questo
     algoritmo ha una complessità computazionale polinomiale o, più correttamente, BQP (Bounded
     error Quantum Polynomial time): i fattori sono trovati con margine d'errore arbitrariamente
     piccolo in tempo polinomiale nella lunghezza dell'intero di input.

Se questo algoritmo viene eseguito su un QC con 4.000 qubit o più, può rompere una classe di algoritmi di crittografia asimmetrica", di cui l'RSA è il più noto. Alcuni attribuiscono a questo documento il merito di aver acceso l'interesse per i computer quantistici.

L'algoritmo RSA[136] è utilizzato per Bitcoin e altre transazioni finanziarie su Internet e per le firme digitali. L'algoritmo RSA, come tutti gli algoritmi di crittografia asimmetrica, utilizza due chiavi, la chiave pubblica e la chiave privata.

Le due chiavi sono sequenze di caratteri molto lunghe e matematicamente correlate. La trasformazione da privata a pubblica è molto semplice, mentre l'inverso è praticamente impossibile da realizzare sui computer classici.

Quando si inviano dei bitcoin ad una persona (ad esempio per un acquisto), li si invia con un informazione che di fatto funge da "ricevuta di versamento" (o transazione) che ha come chiave pubblica il conto (o l'indirizzo del portafoglio Bitcoin).

Mentre tutti possono vedere questa chiave pubblica, solo il possessore del conto ha la chiave privata che serve come firma digitale per aprire la distinta di versamento. Questo processo è perfettamente sicuro, a patto che nessuno abbia la chiave privata che corrisponde a quel conto specifico.

Con l'informatica quantistica tutto questo cambia, perché, a differenza dei computer classici, l'informatica quantistica può generare rapidamente la chiave privata da qualsiasi chiave pubblica di RSA o algoritmi simili, come quelli utilizzati oggi dai bitcoin.

Quindi, il computer quantistico accede semplicemente al libro mastro

---

136 Cit. Uni Roma - Algoritmo di cifratura RSA.
     https://www.mat.uniroma1.it/sites/default/files/PLINIOSENIORE-CrittografiaRSA.pdf - Appunti
     scritti da Francesca Coppa e Antonio Fanelli 3 Ver.2 0 2-7-2018

pubblico (dove tutte le transazioni vengono pubbliche, prende ogni chiave pubblica, usa il QC per generare una firma digitale a chiave privata e prende tutti i bitcoin dai conti.

Ci si potrebbe chiedere: Perché le persone dovrebbero pubblicare l'indirizzo del loro portafoglio e la chiave pubblica in modo aperto al mondo? Questo era un difetto di progettazione iniziale.

Gli esperti di Bitcoin si sono resi conto che era inutile e pericoloso. Nel 2010, tutte le nuove transazioni sono passate a un nuovo formato che include l'indirizzo ma lo nasconde, che è molto più sicuro (anche se non del tutto immune da attacchi). Questo nuovo standard si chiama P2PKH[137].

Ma ci sono ancora due milioni di bitcoin conservati nel vecchio formato vulnerabile chiamato P2PK[138]. E al valore di gennaio 2023 di 28.000 dollari per bitcoin, si tratta di 120 miliardi di dollari di bitcoin.

Quando avviene un furto di bitcoin, non c'è modo di denunciare il crimine o di citare in giudizio gli autori, perché questi ultimi non possono essere facilmente individuati. I bitcoin non sono controllati da nessun governo o società e le loro transazioni non sono regolate da leggi bancarie.

Chiunque abbia la chiave privata giusta può prendere bitcoin in un portafoglio. Non ci sono vie di ricorso legali.

Cosa si potrebbe fare per "aggiornare" la nostra crittografia? Gli algoritmi resistenti ai quanti algoritmi resistenti ai quanti.

In effetti, il professor Shor ha anche dimostrato che la crittografia inespugnabile potrebbe essere costruita sulla CQ.

---

137 Academy.bit2me.com - Che cos'è il P2PKH, https://academy.bit2me.com/it/que-es-p2pkh/
138 Academy.bit2me.com - Cos'è un P2PK, https://academy.bit2me.com/it/que-es-una-p2pk/

Un algoritmo di crittografia simmetrica basato sulla meccanica quantistica è inespugnabile anche se gli intrusi dispongono di un potente computer quantistico. L'unico modo per infiltrarsi in questa crittografia è se si scopre che i principi della meccanica quantistica non sono corretti.

Ma gli algoritmi resistenti ai quanti sono molto costosi dal punto di vista computazionale, per cui al momento non vengono presi in considerazione dalla maggior parte dei commercianti di Bitcoin.

3.Cosa sono le armi autonome?

Per comprendere al meglio il tema delle LAWs[139] (Lethal Autonomous Weapons - armi letali autonome), bisogna partire dalla storia delle guerre antiche, quando gli eserciti hanno sempre desiderato un "Deus ex machina"[140] che intervenisse in battaglia, e che questa forza portasse con se tutto il suo potere a favore del proprio esercito per annientarc il nemico.

Questo desiderio è presente occasionalmente nei soldati e ricorrente nei comandanti. Un esempio di questo desiderio è presente nell'Iliade, un poema epico greco. In questo poema, gli dei dell'Olimpo intervengono costantemente in battaglia, schierandosi a favore dei Greci o dei Troiani.

Storicamente, circa cinque secoli dopo, i Romani vittoriosi iniziarono a portare in trionfo nell'Urbe non solo i re e i capi dei popoli sconfitti, ma anche i loro dèi con i loro poteri. Questo era un modo per incorporare i poteri degli dei sconfitti nel Pantheon romano.

All'alba dell'età moderna, il ruolo precedentemente ricoperto dagli dèi nell'antichità classica viene sempre più spesso assunto dalle forze della natura. Questo è evidente negli eventi naturali che sembrano soccorrere un esercito e disperdere l'altro, come il mito dei marosi che proteggono la Britannia e affondano le navi dell'Invencible Armada spagnola.

All'epoca dell'Illuminismo, sorge l'interrogativo su come dare spazio al mito, che insieme all'inganno costituisce un elemento della propaganda di guerra.

Il mito può essere utile per esaltare la volontà di vittoria della popolazione e dell'esercito, mentre contemporaneamente deprime la volontà del nemico.

---

139 Cfr. Economist - Autonomous weapons and the new laws of war, https://www.economist.com/briefing/2019/01/19/autonomous-weapons-and-the-new-laws-of-war

140 Treccani – Deux ex machina, https://www.treccani.it/vocabolario/deus-ex-machina/

Il maggiore stratega del XVIII secolo, Federico II di Prussia, coniuga il mito e il pragmatismo. Egli si concentra su fattori organizzativi moderni, come l'addestramento e la disciplina delle truppe, al fine di ottenere la superiorità sul campo di battaglia.

In particolare, Federico II evoca la metafora di soldati così ben addestrati e abili nell'uso delle armi da trasformarsi in "automi tiratori"[141]. Questa metafora è significativa perché anticipa la nascita delle armi letali autonome, che sono oggi un'importante questione etica e politica viste le guerre presenti in diversi scenari come la guerra in Ucraina e in altri fronti .

Le armi autonome[142] sono la terza rivoluzione della guerra, dopo la polvere da sparo e le armi nucleari. L'evoluzione dalle mine terrestri ai missili guidati è stato solo un preludio alla vera autonomia, ovvero l'impegno completo nell'uccidere, cercare, decidere di ingaggiare e distruggere un'altra vita umana, il tutto senza alcun coinvolgimento umano. Le armi autonome sono armi che possono identificare e attaccare obiettivi senza intervento umano.

Sono ancora in fase di sviluppo, ma sono già utilizzate in una serie di applicazioni, tra cui la difesa aerea, la difesa navale e la sorveglianza. Le armi autonome controllate dall'intelligenza artificiale oggi possono essere droni armati che sono in grado di trasportare e lanciare armi.

Sono spesso utilizzati per attacchi contro obiettivi terroristici o militari, poi ci sono le mine marine autonome sono mine che possono essere piantate in acqua senza intervento umano.

Si attivano automaticamente quando un bersaglio entra nel loro raggio

---

141 Cfr. Avvenire - Le nuove armi. Droni armati, tutti i dubbi etici,
     https://www.avvenire.it/attualita/pagine/droni-armati-tutti-i-dubbi-etici
142 Cfr. Wired - Anche in Italia si studiano le armi autonome, https://www.wired.it/article/armi-autonome-robot-guerra-italia-test/

d'azione e poi ci sono sistemi di difesa aerea autonomi, che sono sistemi che possono identificare e abbattere missili e aerei nemici. Sono spesso utilizzati per proteggere le infrastrutture critiche.

Le armi autonome sollevano una serie di preoccupazioni etiche e legali. Alcuni esperti temono che queste armi possano essere utilizzate per commettere crimini di guerra o violare i diritti umani.

Altri sono preoccupati per il potenziale di queste armi di essere utilizzate in modo improprio o di cadere nelle mani di attori non statali.

Nonostante le preoccupazioni, lo sviluppo delle armi autonome è destinato a continuare. L'intelligenza artificiale è una tecnologia in rapida evoluzione, e è probabile che le armi autonome diventino sempre più sofisticate e autonome nel prossimo futuro.

Un esempio di arma autonoma in uso oggi è il drone israeliano Harpy[143], che è programmato per volare in un'area particolare, cercare bersagli specifici e poi distruggerli usando una testata ad alto esplosivo.

Ma un esempio molto più provocatorio è illustrato nel video virale "Slaughterbots"[144], che mostra un drone di dimensioni simili a quelle di un uccello che cerca attivamente una persona in particolare e, una volta trovata, spara una piccola quantità di dinamite a bruciapelo nel suo cranio e l'essere umano muore all'istante.

Questi droni possono essere programmati per muoversi in sciame e guidati dall'intelligenza artificiale, sono troppo piccoli e agili per essere facilmente catturati, fermati o distrutti. Uno "Slaughterbot"[145], come quello che ha

---

143 Cfr. Wikipedia – Drone Harpy, https://en.wikipedia.org/wiki/IAI_Harpy
144 Cfr. Youtube – Slaughterbots, https://www.youtube.com/watch?v=fPqmC16ewYg

145 Wikipedia – Slaughterbots, https://en.wikipedia.org/wiki/Slaughterbots

quasi ucciso il presidente del Venezuela[146] potrebbe essere costruito oggi da un hobbista esperto per meno di 1.000 dollari. Tutte le parti sono disponibili per l'acquisto online e tutte le tecnologie open-source sono disponibili per il download.

Considerando la rapidità la rapidità con cui i veicoli autonomi si sono evoluti da L1 a L3/L4. La stessa cosa accadrà inevitabilmente con le armi autonome.

I robot assassini[147] diventeranno più intelligenti, più precisi, più capaci, più veloci e più precisi e meno costosi, ma grazie all'IA impareranno anche nuove capacità come quella di formare uno sciame, con lavoro di squadra e ridondanza, rendendo le loro missioni virtualmente inarrestabili. Uno sciame di diecimila diecimila droni in grado di spazzare via una piccola città potrebbe teoricamente costare solo 10 milioni di dollari.

146 Youtube - Attentato al Presidente del Venezuela, https://www.youtube.com/watch?
     v=EpFNCqCwVzo
147 Wikipedia - Lethal autonomous weapon,
     https://en.wikipedia.org/wiki/Lethal_autonomous_weapon

4.Pro e contro delle armi autonome (Auotnomus weapons)

Le armi autonome presentano dei vantaggi per un esercito. In primo luogo, le armi autonome potrebbero salvare la vita dei soldati se le guerre saranno combattute dalle macchine.

Inoltre, nelle mani di un esercito responsabile, possono essere utilizzate per aiutare i soldati a colpire terroristi e altri combattenti ed evitare di uccidere inavvertitamente le forze armate amiche, inclusi bambini e civili (in modo simile a come i veicoli autonomi L2 e L3 possono aiutare un guidatore a non commettere errori sulla carreggiata). Inoltre, possono essere utilizzate contro assassini e criminali.

Ma le responsabilità etico morali superano di gran lunga i benefici. La responsabilità più forte è quella morale praticamente tutti i sistemi etici e religiosi umani considerano il fatto di togliere una vita umana come un atto controverso che richiede una forte giustificazione e controllo.

António Guterres[148], Segretario generale delle Nazioni Unite, in un discorso tenuto il 22 novembre 2022 al Forum sulla governance dell'intelligenza artificiale delle Nazioni Unite ha espresso la sua preoccupazione per il potenziale di sviluppo delle armi autonome letali (LAWS), che sono armi che possono identificare e attaccare obiettivi senza intervento umano.

Guterres ha affermato che le LAWS sono "moralmente ripugnanti" perché privano gli esseri umani della loro capacità di prendere decisioni morali sulla vita e sulla morte. Ha anche affermato che le LAWS sono

---

148 Cfr. Retepacedisarmo.org - Il Segretario Generale ONU chiede una norma internazionale contro i killer robots entro il 2026: la comunità internazionale raccolga la sfida, https://retepacedisarmo.org/2023/il-segretario-generale-onu-chiede-una-norma-internazionale-contro-i-killer-robots-entro-il-2026-la-comunita-internazionale-raccolga-la-sfida/

"politicamente inaccettabili" perché potrebbero essere utilizzate per commettere crimini di guerra o violare i diritti umani.

Guterres ha esortato i paesi a lavorare insieme per vietare le LAWS.

Nel 2023, l'Assemblea generale delle Nazioni Unite ha adottato una risoluzione che chiedeva un divieto globale sulle LAWS. La risoluzione è stata approvata da 162 paesi, ma è stata respinta da 14 paesi, tra cui gli Stati Uniti, la Cina e la Russia.

Il discorso di Guterres ha contribuito a sollevare la consapevolezza dei rischi delle LAWS. Ha anche contribuito a rafforzare il movimento globale per il divieto di queste armi.

Una questione importante nell'uso di questo tipologia di armi è quella di avere una chiara linea di responsabilità, cioè di sapere chi è responsabile in caso di errore. Questo è una fatto ben noto per i soldati che operano sul campo di battaglia.

Ma quando la responsabilità è assegnata a un sistema d'arma autonomo, la responsabilità non è chiara. Ciò che è peggiore, è che questo cavillo può assolvere chi ha aggredito e ucciso in questa modalità da ingiustizie o violazioni del diritto internazionale umanitario. E questo abbassa la soglia delle possibilità di vedere l'inizio di una guerra.

Un altro pericolo è che le armi autonome possono prendere di mira le persone

utilizzando il riconoscimento facciale o dell'andatura o semplicemente tracciando i segnali telefonici o l'Internet delle cose (IoT)[149]. Questo

---

149 Oracle - Che cos'è l'IoT? https://www.oracle.com/it/internet-of-things/what-is-iot/ - L'Internet of Things (IoT) descrive la rete di oggetti fisici, ossia le "things", che hanno sensori, software e altre tecnologie integrate allo scopo di connettere e scambiare dati con altri dispositivi e sistemi su Internet. Questi dispositivi vanno dai normali oggetti domestici ai sofisticati strumenti industriali.

potrebbe portare non solo all'assassinio di una persona, ma anche il genocidio di un gruppo di persone.

Una maggiore autonomia, senza una profonda comprensione dei meta-problemi, aumenterà ulteriormente la velocità delle guerre (e quindi le vittime) e potenzialmente porterà a escalation disastrose, compresa la guerra nucleare. L'intelligenza artificiale è limitata dalla mancanza di buon senso e dalla capacità umana di ragionare in modo trasversale. Non importa per quanto si possa addestrare un sistema d'arma autonomo controllato da una IA, la limitazione del settore in cui viene addestrato impedirà al sistema di comprendere appieno le conseguenze delle sue azioni.

5.Possibili soluzioni al problema delle armi autonome

Sono state proposte diverse soluzioni per evitare questa catastrofe esistenziale. Una è l'approccio "human-in-the-loop", ovvero assicurarsi che ogni decisione letale sia presa da un uomo. Ma l'abilità delle armi autonome deriva in gran parte dalla velocità e dalla precisione che si ottengono senza l'ausilio di un essere umano che alle volte può anche rimanere ucciso dalla stessa arma che sta controllando[150].

Una seconda soluzione proposta è il divieto, che è stato proposto sia dalla Campagna per fermare i robot assassini e da una lettera firmata da tremila persone, tra cui Elon Musk, il compianto Stephen Hawking[151] e migliaia di esperti di IA. Sforzi simili sono stati intrapresi in passato da biologi, chimici e fisici contro le armi biologiche, chimiche e nucleari. Un divieto che non sarà facile far rispettare, ma i precedenti divieti contro l'uso dei laser accecanti, le armi chimiche e le armi biologiche sembrano a tutt'oggi essere stati rispettati. Il principale ostacolo oggi è rappresentato dal fatto che la Russia, gli Stati Uniti e il Regno Unito si oppongono al divieto.

Stati Uniti e il Regno Unito si oppongono alla messa al bando delle armi autonome, affermando che è troppo presto per prendere una decisione in tal senso.

---

150 Cfr. Avvenire - Usa. Drone militare guidato da Intelligenza artificiale "uccide" il suo operatore, https://www.avvenire.it/mondo/pagine/drone-killer-usa - La realtà, ancora una volta, sembra aver superato la fantasia. Un drone militare Usa guidato dall'intelligenza artificiale (IA) che, pur di portare a termine la sua missione, 'uccide' l'operatore che lo segue a distanza da terra: potrebbe essere la trama di un film di fantascienza, ma sarebbe successo proprio questo

151 Wired - Musk, Hawking e Wozniak contro l'intelligenza artificiale militare, https://www.wired.it/attualita/tech/2015/07/28/intelligenza-artificiale-militare-musk-hawking/ Una lettera aperta firmata da centinaia di ricercatori ed esperti di intelligenza artificiale chiede alle nazioni del mondo di bandire l'utilizzo bellico dell'intelligenza artificiale

Nel 2021, la Commissione per la sicurezza nazionale degli Stati Uniti sull'IA, un organismo guidato dall'ex CEO di Google, Eric Schmidt[152], ha raccomandato agli Stati Uniti di respingere le richieste di divieto delle armi autonome.

---

152 Cfr. Fanpage - L'ex Ceo di Google ora produce armi, https://www.fanpage.it/innovazione/tecnologia/lex-ceo-di-google-ha-cominciato-a-costruire-carri-armati-utilizzando-lintelligenza-artificiale/ - Eric Schmidt ha detto che l'IA cambierà tutto, come ha fatto la bomba atomica. Per questo chiede al Pentagono di integrare le nuove tecnologie nel sistema di difesa.

CAPITOLO XI

INTELLIGENZA ARTIFICIALE ECONOMIA E POSTI DI LAVORO, REDDITO DI BASE UNIVERSALE, COSA NON PUÒ FARE L'AI

1.Come l'intelligenza artificiale sostituisce i posti di lavoro

L'intelligenza artificiale è in grado di svolgere molti compiti meglio di quanto possano fare le persone, a costo quasi a zero. Questo semplice fatto è in grado di generare un enorme valore economico, ma può anche provocare una crisi del mondo del lavoro senza precedenti, un'ondata di distruzione che colpirà sia i colletti blu che i colletti bianchi.

Va considerato che in un futuro non tanto prossimo l'IA si occuperà di tutto, dalla sottoscrizione dei nostri prestiti attraverso le app sul lo smartphone alla costruzione delle nostre case attraverso la tecnologia della stampa 3D[153], fino all'assunzione e al licenziamento del personale in base a criteri specifici decisi dalle governance[154] umane delle società.

Questa trasformazione del modo in cui viene svolto il lavoro non solo porterà a una grave disoccupazione, ma potenzialmente darà il via a una serie di problemi sociali. Il fatto certo è che l'intelligenza artificiale (IA) sta già sostituendo gli esseri umani in alcuni lavori, e questo trend è destinato a continuare.

---

153 Cfr.Corriere.it - Cinque case del futuro stampate in 3D,
      https://living.corriere.it/architettura/card/case-stampate-in-3d/
154 Treccani – Governance, https://www.treccani.it/vocabolario/governance/

L'IA può automatizzare compiti che in precedenza richiedevano l'intervento umano, e può farlo in modo più efficiente e preciso. I robot vengono utilizzati sempre più per svolgere attività ripetitive e pericolose, come l'assemblaggio di prodotti o la movimentazione di materiali nell'industria 4.0[155]. I chatbot vengono utilizzati per fornire assistenza ai clienti o per rispondere a domande online e off-line. Attraverso i software di apprendimento automatico si analizzano grandi quantità di dati e si identificano modelli profittevoli di mercato e altro.

Tutto ciò può essere utilizzato per automatizzare compiti come la previsione delle vendite o la rilevazione delle frodi.

Le implicazioni dell'IA nel mondo del lavoro sono significative, anche perché l'IA potrebbe portare da una parte alla perdita di posti di lavoro in alcuni settori, ma potrebbe anche creare nuovi posti di lavoro in altri. È importante che i lavoratori si preparino per questi cambiamenti, aumentando la formazione, imparando nuove competenze e sviluppando nuove capacità.

L'IA è in continua evoluzione, quindi è importante che i lavoratori imparino nuove competenze per rimanere competitivi.

I lavoratori devono ricordarsi che l'intelligenza artificiale non può sostituire l'intelligenza umana, quindi è importante che i lavoratori sviluppino nuove capacità, come la creatività, il pensiero critico e la risoluzione dei problemi.

Prendiamo l'esempio di un settore come quello di un ufficio prestiti di un istituto finanziario. Mentre un sottoscrittore umano prenderebbe in considerazione solo una manciata di misure per decidere se approvare o

---

155 Intelligenza artificiale e industria 4.0: gli ultimi aggiornamenti 28/04/2022
https://modofluido.hydac.it/intelligenza-artificiale-industria-40.

meno la vostra domanda di assicurazione (il patrimonio netto, il reddito, la casa, il lavoro e così via), un algoritmo di IA potrebbe prendere in considerazione migliaia di altre variabili, dai registri pubblici agli acquisti effettuati, i vostri dati sanitari e le app e i dispositivi che utilizzate (con il vostro consenso), in pochi millisecondi, e fornire una valutazione molto più accurata della domanda di prestito.

Questi algoritmi sostituiranno facilmente i lavori di routine dei colletti bianchi, proprio come il software ha progressivamente preso il sopravvento di altre attività d'ufficio in passato, come la contabilità e l'inserimento dei dati. L'intelligenza artificiale se viene combinata come stata accadendo nell'industria 4.0, sostituirà anche altri tipi di lavoro sempre più complessi.

Come quello dei magazzinieri che svolgono mansioni di routine, molti lavoratori del settore edile, poiché le pratiche edilizie si orienteranno verso componenti prefabbricati da robot o stampati in 3D sul posto e facili da assemblare. Nella costruzione di questa nuova tipologia di edifici gli idraulici saranno lentamente eliminati, in quanto gli idraulici umani saranno necessari solo per la manutenzione degli edifici più vecchi con sistemi complicati che richiedono riparazioni particolari. I nuovi edifici, con componenti prefabbricati standard, saranno prodotti dai robot.

Naturalmente tutto questo non accadrà da un giorno all'altro. I posti di lavoro saranno occupati dall'IA gradualmente.

Nei capitoli precedenti, si è visto che l'IA è una tecnologia omnichannel che porterà a cambiamenti in centinaia di settori e in milioni di attività contemporaneamente, sia cognitive che fisiche.

Oggi si conosce l'effetto dell'introduzione di una nuova tecnologia nell'economia di una società e l'impatto che nè ha nel tempo e come le maggior parte delle tecnologie creavano e distruggevano posti di lavoro allo stesso tempo, si immagini come la catena di montaggio[156] ha cambiato l'industria automobilistica, prima la produzione delle automobili era lasciata agli artigiani che assemblavano a mano auto costose e come si è passati poi da questo modello di lavoro alla lavorazione di pezzi in una catena di montaggio dove si costruivano molte più auto a prezzi molto più bassi.

Ci sono voluti 100 anni alla rivoluzione industriale per diffondersi in Europa e nel resto del mondo, una trasformazione che ha cambiato radicalmente la società umana a tutti i livelli, la rivoluzione dell'intelligenza artificiale è già stata adottata in tutto il mondo.

---

156 Cfr. Wikipedia – Rivoluzione Industriale, https://it.wikipedia.org/wiki/Rivoluzione_industriale

2.Soft skills

Le soft skills[157] sono competenze trasversali che riguardano le capacità interpersonali e relazionali di un individuo[158]. Sono spesso considerate come le competenze più importanti per il successo nel mondo del lavoro, in quanto consentono alle persone di lavorare efficacemente con gli altri e di gestire situazioni complesse.

L'intelligenza artificiale (IA) è in grado di apprendere e adattarsi rapidamente, e mentre sta diventando sempre più sofisticata nel comprendere e rispondere alle emozioni umane è in gradi simulare perfettamente alcune interazioni umane e copiare alcune soft skills, l'IA grazie all'elaborazione del linguaggio naturale è in grado di comunicare efficacemente con gli esseri umani, utilizzando un linguaggio naturale e comprensibile.

L'IA oggi potrebbe essere in grado di comprendere e rispondere alle emozioni umane, mostrando compassione e comprensione, inoltre l'IA potrebbe essere in grado di identificare e risolvere problemi in modo creativo e innovativo quando si presentano grazie al deep learning.

L'IA oggi potrebbe anche essere in grado di guidare e motivare gli altri, creando un senso di scopo e in grado di lavorare efficacemente in gruppo, collaborando con gli altri per raggiungere obiettivi comuni.

Tuttavia, è importante notare che l'IA non è in grado di sostituire completamente le soft skills umane. Queste abilità sono spesso basate su esperienze e intuizioni che l'intelligenza artificiale non è in grado di

---

157 Focus Namirial - Le Soft Skills più ricercate nell'era dell IA https://focus.namirial.it/soft-skills/
158 Cfr. AI BRANDS – autori: Joseph Sasson, Alessandro Giaume, Alberto Maestri - Ed. Franco Angeli, 2023 , pag.101

replicare. Inoltre, le soft skills sono spesso necessarie per creare relazioni e fiducia con gli altri, che sono elementi essenziali per il successo nel mondo del lavoro ecco perché gli esseri umani devo svilupparne di nuovo per permettere loro di prendere una nuova posizione nel mondo del lavoro attraverso la formazione e la conoscenza di come funziona l'intelligenza artificiale.

3.La perdita di posti di lavoro causa problemi sociali

L'impennata della disoccupazione è solo una piccola parte del problema che si sta generando a causa dell'entrata dell'intelligenza artificiale nell'economia[159]. Va invece considerato che il bacino crescente di lavoratori disoccupati, li metterà in competizione gli uni contro gli altri, e competerà per un numero sempre più ridotto di posti di lavoro, facendo scendere i salari.

La ricchezza si sposterà, perchè gli algoritmi di intelligenza artificiale elimineranno milioni di posti di lavoro umani, trasformando allo stesso tempo in miliardari, in tempo record, i titani della tecnologia che sfruttano queste nuove tecnologie.

Molti dei meccanismi di auto-correzione del libero mercato, promossi dal filoso americano dell'economia del 1700 Adam Smith si disintegreranno in un'economia basata sull'intelligenza artificiale. Se non controllata, l'intelligenza artificiale nel ventunesimo secolo potrebbe portare a un nuovo sistema di caste, con un'élite dell'IA ai vertici, seguita da un numero relativamente ristretto di persone che richiedono un'ampia gamma di competenze nella strategia e pianificazione dei mercati.

Ancora più problematica della perdita di posti di lavoro sarà la perdita del senso della vita. L'etica del lavoro nata dalla Rivoluzione industriale[160] ha instillato in molte persone l'idea che le carriere debbano essere al centro del significato della vita di un essere umano. Già oggi le persone vedono che gli algoritmi e i robot li supereranno facilmente in compiti che hanno imparato a svolgere per tutta la vita.

---

159 Cfr. Traduzione AI 2041 Ten visons for our future, autore Chen KiuFan- Kai-fu Lee, trademarks of Penguin Random House LLC, cit. pagg.373-375
160 Wikipedia – Rivolzione industriale, https://it.wikipedia.org/wiki/Rivoluzione_industriale

I giovani che sono cresciuti sognando di intraprendere determinate professioni potrebbero, veder vanificate le loro speranze e tutti gli anni di studio.

Questo porterà a una schiacciante sensazione di futilità e di inutilità sociale che apre la strada a un aumento dell'abuso di sostanze psicotrope, depressione e suicidio[161]. (Sono già stati riscontrati picchi di suicidi nelle industrie che sono state pesantemente sconvolte dalla tecnologia).

161 Il Fatto Quotidiano - Il legame tra perdita del lavoro e suicidi è acclarato. E lo Stato dovrebbe porsi il problema - https://www.ilfattoquotidiano.it/2019/12/17/il-legame-lavoro-suicidi-e-acclarato-e-lo-stato-dovrebbe-porsi-questo-problema/5622251/

4.Il Reddito universale garantito soluzione all'automazione?

Il problema delle enormi sfide dell'intelligenza artificiale e della delocalizzazione dei posti di lavoro hanno ridato vita a una soluzione chiamata reddito di base universale, in cui il governo fornisce uno stipendio a ogni cittadino, indipendentemente dal bisogno, stato occupazionale o livello di competenza.

Questo stipendio potrebbe essere fornito tassando individui e/o aziende ultra-ricche. Come in Europa anche in Italia si è provato a mitigare l'onda della automazione e dell'industria 4.0, in Italia è stato istituito il reddito di cittadinanza dal Governo Conte poi abolito dal Governo Meloni[162] e trasformato in reddito per le persone più fragili, anche in America il candidato Andrew Yang aveva promosso la sua variante del reddito universale in vista delle elezioni presidenziali statunitensi del 2020, e l'ha chiamata "Freedom Dividend"[163], come pietra miliare della sua campagna e come modo per combattere l'ondata anomala dell'automazione.

Un proverbio di Confucio dice "Dai un pesce a un uomo e lo sfami per un giorno; insegna a un uomo a pescare e lo nutrirai per tutta la vita".

E a questo obbiettivo il reddito di base universale dovrebbe spingere le masse di disoccupati. In altre parole, il reddito di base universale dovrebbe aiutare i lavoratori potenzialmente in pericolo di perdere il lavoro, a scegliere di formarsi e per ricoprire mansioni nelle nuove professioni che hanno meno probabilità di essere occupate dall'intelligenza artificiale nel breve termine.

---

162 Camera dei Deputati Parlamento Italiano - La riforma del Reddito di cittadinanza,
   https://temi.camera.it/leg19/temi/il-reddito-di-cittadinanza.html
163 MorningFuture – Reddito universale, https://www.morningfuture.com/it/2020/02/19/reddito-universale-freedom-dividend/.

Lasciati a se stessi, la maggior parte di questi lavoratori non avranno la lungimiranza di prevedere quali professioni potranno sopravvivere alla rivoluzione dell'intelligenza artificiale e quindi non sapranno come utilizzare al meglio il denaro del reddito di base universale per orientare la propria vita verso percorsi migliori.

A meno che la formazione non diventi una parte fondamentale delle proposte collegate all'ottenimento del reddito di base universale, miliardi di persone saranno lentamente ma inesorabilmente buttate fuori dal mondo del lavoro poco dopo.

5.Cosa non può fare l'intelligenza artificiale?

Quali sono le capacità e i compiti che l'IA non può svolgere? Questa è una domanda interessante, anche perchè il futuro di milioni di posti di lavoro esistenti e che si creeranno in futuro gira intorno a questa domanda[164].

Queste sono le tre capacità in cui l'intelligenza artificiale si trova in difetto e che probabilmente anche in futuro l'intelligenza artificiale faticherà a padroneggiare.

La prima qualità che all'intelligenza artificiale manca è la creatività, l'incapacità di creare, concettualizzare o pianificare strategicamente.

Mentre l'intelligenza artificiale è bravissima a ottimizzare la sua attività su di un obiettivo specifico che le viene richiesto, ma è incapace di scegliere i propri obiettivi o di pensare in modo creativo. L'IA è incapace di pensare in modo trasversale, di usare il pensiero laterale o di applicare il buon senso.

Un' altra qualità assente nell'intelligenza artificiale e l'empatia, l'intelligenza artificiale non può provare sentimenti o interagire con i sentimenti umani come l'empatia e la compassione.

Quindi, l' intelligenza artificiale può simulare questi sentimenti come risultato di una programmazione o di una elaborazione di dati anche se fatta in deep learning, ma non può far sentire ad un'altra persona che è compresa da lei come lo sarebbe se fosse con un altro essere umano.

Anche se l'intelligenza artificiale dovesse migliorare in questo campo, sarà estremamente difficile portare la tecnologia a un punto in cui gli esseri umani si sentano a proprio agio nell'interagire con i robot in situazioni di

---

164 Cfr. Traduzione AI 2041 Ten visons for our future, autore Chen KiuFan- Kai-fu Lee, trademarks of Penguin Random House LLC, cit. pagg.379-381

coinvolgimento emozionale in cui si richiede attenzione ed empatia.

L'intelligenza artificiale e la robotica non sono ancora in grado di svolgere un lavoro fisico complesso che richiede destrezza o una precisa coordinazione oculo-manuale. L'intelligenza artificiale non è in grado di gestire spazi sconosciuti e non strutturati, soprattutto quelli che non ha osservato.

Cosa significa tutto questo per il futuro del lavoro? I lavori di routine, come come gli addetti al tele-marketing, lavoro di segreteria, ad esempio il perito assicurativo, come molti altri è probabile che vengano sostituiti dall'intelligenza artificiale. Per altre tipologie di lavoro in cui viene coinvolta la socialità e el relazioni umane l'IA e l'essere umano lavoreranno insieme.

Ad esempio, l'intelligenza artificiale può occuparsi di correggere i compiti e gli esami di routine, e persino offrire lezioni standardizzate ed esercitazioni personalizzate, mentre l'insegnante umano si concentrerebbe sul ruolo di mentore che insegna ai suoi allievi, supervisiona i progetti di gruppo che sviluppano l'intelligenza emotiva e fornisce un coaching personalizzato.

Per i lavori creativi, la creatività umana sarà amplificata dagli strumenti dell'intelligenza artificiale. Ad esempio, uno scienziato può utilizzare gli strumenti dell'IA per accelerare la velocità di analisi e arrivare più rapidamente alla scoperta di nuovi farmaci o testare quelli esistenti per una nuova malattia.

Il mondo manuale a diversità di quello delle analisi dei dati in campo medico ha altre complessità, le pulizie di casa richiedono la capacità di orientarsi in ambienti sconosciuti, mentre un barista si affida principalmente alle abilità relazionali, visto che un robot prepara drink migliori[165] della maggior parte dei baristi umani e i robot possono anche cucinare[166] per questi ultimi.

---

165 7 Amazing Robotic ARMS (Chef, Barista, Barteder) for Food and Beverage Industry https://www.youtube.com/watch?v=9MCMAhz-Cy8
166 GoodBytz Robotic Kitchen – 2023 https://www.youtube.com/watch?v=GiG6Kmz_FfE

CAPITOLO XII

PROBLEMA ETICO E REGOLAMENTAZIONE DELL'INTELLIGENZA ARTIFICIALE

1.Il problema etico

L'intelligenza artificiale è una tecnologia in rapida evoluzione che ha il potenziale di trasformare molti aspetti della vita umana. Tuttavia, l' intelligenza artificiale solleva anche una serie di problemi etici. Uno dei principali problemi etici dell'intelligenza artificiale è il rischio di discriminazione sociale.

Gli algoritmi di apprendimento automatico possono essere influenzati dai dati su cui vengono addestrati, e questi dati possono riflettere pregiudizi e discriminazioni presenti nella società umana. Ad esempio, un algoritmo di assunzione che è stato addestrato su dati di candidati provenienti da un'unica università potrebbe calcolare che assumere candidati provenienti da quella università sia uno dei requisiti discriminanti in rapporto ad altri candidati provenienti da altre università. Un altro problema etico dell'IA è il rischio di abusi dell'IA stessa.

Come si è visto può essere usata per sviluppare armi autonome, che potrebbero essere utilizzate per uccidere persone senza intervento umano, le armi autonome possono essere programmate per eliminare soggetti sulla base di informazioni reperite dai profili sui social media e analizzano i bersagli in base alla razza, credo religioso appartenenza di genere etc...

L'intelligenza artificiale grazie alla sua potenza di calcolo e la capacità di poter operare simultaneamente in multitasking[167] ad una velocità impensabile per gli esseri umani può anche essere utilizzata per diffondere disinformazione e propaganda, che potrebbero essere utilizzate per manipolare le persone e influenzare le elezioni per avvantaggiare questo o quel partito a discapito dei cittadini.. Infine, l'IA solleva una serie di questioni filosofiche complesse. Ad esempio, se un'IA diventa un essere digitale senziente, potrebbe essere considerata dotata di una coscienza? Se così fosse, quali diritti dovrebbe avere questa nuova entità? Un altro grosso problema che si è visto in questo lavoro e che gli algoritmi di apprendimento automatico possono essere influenzati dai dati su cui vengono addestrati.

I programmatori umani hanno Bias cognitivi[168] e questi possono essere trasferiti alle macchine. I dati che vengono inseriti possono riflettere pregiudizi e discriminazioni presenti nella società.

L'intelligenza artificiale inoltre può essere utilizzata per creare falsi video e audio che potrebbero essere utilizzati per danneggiare la reputazione di qualcuno o per diffondere disinformazione come abbiamo visto nel capitolo sui deep fake.

Grazie alla grandissima capacità di elaborare i big data e fare content analisys i sistemi di IA possono raccogliere una grande quantità di dati sulle persone, che potrebbero essere utilizzati per tracciare i movimenti, le abitudini di consumo e le opinioni delle persone. Chi è responsabile per le azioni intraprese dall'intelligenza artificiale. Qui si pone quindi un problema sulla responsabilità civile e penale di chi a progettato il sistema. Chi è responsabile degli errori o degli abusi di un sistema di IA? Gli

---

167 Wikipedia – Multitasking, https://it.wikipedia.org/wiki/Multitasking
168 Wikipedia – Bias Cognitivo, https://it.wikipedia.org/wiki/Bias_cognitivo

sviluppatori, gli utenti o i regolatori? E se la IA viene programmata da un altra IA? Chi è il responsabile in caso di crimini? Il Cittadino Umano o il cittadino Sintetico? Qui sorgono alcune domande, se qualcuno utilizza i dati di altre persone per generare un personaggio virtuale viola la legge sul copyright? Se quel personaggio parla male di qualcuno o pronuncia frasi sessite o razziste, si tratta solo di diffamazione o che altro? Chi è responsabile davanti alle leggi quando un personaggio virtuale commette dei reati o inganna le persone?

Questi sono solo alcuni dei problemi etici che l'IA solleva. È importante che i ricercatori, gli sviluppatori e i policy maker e gli stati siano consapevoli di questi problemi e che il tempo per adottare delle misure in tal senso è sempre minore e prendano misure per affrontarli.

2.I Principi di Asilomar

La prima conferenza sull'intelligenza artificiale si è tenuta dal 3 al 10 agosto 1956 presso l'Asilomar Conference Grounds, un centro congressi situato a Pacific Grove, in California. La conferenza è stata organizzata da John McCarthy, Marvin Minsky, Nathaniel Rochester e Claude Shannon, e ha riunito 100 ricercatori da tutto il mondo per discutere dello stato dell'arte dell'intelligenza artificiale.

La conferenza ha rappresentato un momento importante nella storia dell'intelligenza artificiale, in quanto ha contribuito a stabilire il campo come un'area di ricerca seria e credibile. I partecipanti hanno discusso di una serie di argomenti, tra cui la possibilità di creare macchine intelligenti, i metodi per progettare e costruire tali macchine e gli impatti potenziali dell'intelligenza artificiale sulla società.

La conferenza ha prodotto una serie di risultati importanti, tra cui la definizione del termine "intelligenza artificiale" e la creazione del primo programma di ricerca di intelligenza artificiale finanziato dal governo degli Stati Uniti.

La conferenza ha anche contribuito a ispirare una nuova generazione di ricercatori e ha contribuito a promuovere la crescita dell'intelligenza artificiale come campo di ricerca.

Successivamente nel 2017 la Conferenza di Asilomar in California ha prodotto una lista di ventitré principi, successivamente indicati come "Principi di Asilomar"[169]. Questi principi prendono il nome del luogo dove i seminari si erano tenuti, i quali hanno raccolto a oggi più di cinquemila

---

169 Hudi.it – 23 principi di Asilomar, https://www.hudi.it/ai/i-principi-di-asilomar-per-lintelligenza-artificiale-oltre-i-pessimismi/

sottoscrizioni.

I Principi Asilomar sono stati firmati da oltre 2.400 esperti e istituzioni, tra cui Elon Musk, Stephen Hawking[170], Bill Gates e il MIT. Sono considerati un punto di riferimento importante per la ricerca e lo sviluppo responsabile dell'intelligenza artificiale.

---

170 Future of Life Institute - https://futureoflife.org/open-letter/ai-principles/

3.Normativa Europea

L'Unione Europea (UE) è stata una delle prime regioni al mondo ad affrontare i problemi etici dell'intelligenza artificiale. Nel 2018, la Commissione Europea ha adottato una strategia sull'IA che ha delineato un approccio europeo all'IA che è sicuro, affidabile, eticamente responsabile e rispettoso dei diritti umani.

Nel 2021, la Commissione Europea ha proposto un regolamento sull'intelligenza artificiale che introduce un quadro normativo unico per l'IA nell'UE. Il regolamento si concentra su tre aspetti principali: Sicurezza: Il regolamento stabilisce norme per garantire che i sistemi di IA siano sicuri e non danneggino le persone o l'ambiente.

Responsabilità: Il regolamento stabilisce norme per garantire che i sistemi di IA siano responsabili e che le persone possano essere tenute responsabili degli errori o degli abusi. Etica: Il regolamento stabilisce norme per garantire che i sistemi di IA siano etici e non discriminatori.

Il regolamento sull'intelligenza artificiale è stato adottato dal Parlamento europeo[171] e dal Consiglio nel 2023 ed entrerà in vigore il 1° gennaio 2024. Oltre al regolamento sull'intelligenza artificiale, l'UE ha adottato una serie di altre norme che si applicano all'IA.

Queste norme includono la direttiva sulla protezione dei dati personali (GDPR), la direttiva sulla sicurezza delle reti e dei sistemi informativi (NIS), e la direttiva sui diritti dei passeggeri nel trasporto aereo.

La combinazione di queste norme mira a garantire che l'IA venga

---

171 Parlamento europeo - Normativa sull'IA: la prima regolamentazione sull'intelligenza artificiale
https://www.europarl.europa.eu/news/it/headlines/society/20230601STO93804/normativa-sull-ia-la-prima-regolamentazione-sull-intelligenza-artificiale

sviluppata e utilizzata in modo sicuro, responsabile e etico nell'UE.

La normativa europea[172] sull'IA è ancora in fase di sviluppo, ma si sta già dimostrando un importante contributo per garantire che l'IA venga sviluppata e utilizzata in modo sicuro, responsabile e etico.

---

https://www.ai-act.com/documenti/Parliament/2023/06/23/ai-il-futuro-della-intelligenza-artificiale

CONCLUSIONE

Ho scritto questa tesi essendo da sempre appassionato di informatica e robotica tanto da aver studiato in passato programmazione e progettazione 3D ed aver frequentato un corso specialistico di progettazione 3D e programmazione in C, che mi ha dato tra le altre cose la qualifica di Maker Senjor, ringrazio mio padre per avermi trasmesso la passione per la tecnologia e le applicazioni non solo tecniche ma anche le implicazioni economico sociali che questa poi ha nella società umana.

Come dicevo nell'introduzione questo lavoro non vuole essere un testo tecnico che può essere letto solo da studiosi di ingegneria elettronica o informatica ma ho provato a consegnare una fotografia della realtà ovvero che oggi l'Intelligenza Artificiale è tra di noi ed è destinata a restarci.

Come dicevo nell'Introduzione in questo momento siamo solo nel secondo step evolutivo di questa tecnologia, ovvero nella fase in cui l'essere umano coopera attivamente con l'Intelligenza Artificiale per addestrarla e darle in pasto miliardi di informazione che vengono inserite a vari livelli attraverso il meccanismo del deep learning, l' IA prende informazioni dalla rete e da tutte le fonti della conoscenza disponibile all'umanità.

Questa fase stà già dando i suoi frutti basti vedere Chat GPT e BARD di Google che è in grado di supportare correttamente una conversazione testuale come se ci si trovasse davanti ad un essere umano. Come ho descritto nel Capitolo 2, la mente dell'IA è diversa dalla mente umana. Tra vent'anni, l'apprendimento profondo e le sue estensioni batteranno l'uomo su un numero sempre maggiore di compiti, ma ci saranno ancora molti

compiti esistenti che l'uomo può gestire molto meglio del deep learning. Ci saranno

anche nuovi compiti che dimostreranno la superiorità dell'uomo, soprattutto se i progressi dell'intelligenza artificiale ci ispireranno a migliorare ed evolvere. L'importante è sviluppare applicazioni utili e adatte all'IA e cercare di trovare una

simbiosi tra l'uomo e l'IA, piuttosto che ossessionarci se e quando l'IA ad apprendimento profondo diventerà AGI[173] ovvero secondo gli esperti dotata di una sua coscienza.

Questa tecnologia oggi ha già superato ampiamente tutte le aspettative e il test di Turing tanto che in certi casi si comincia a idealizzare o ad avere la sensazione di trovarci davanti un essere senziente che ci risponde.

I computer quantistici saranno un grande acceleratore dell'IA. L'IA, e l'informatica quantistica hanno il potenziale per rivoluzionare l'apprendimento e risolvere problemi che un tempo erano considerati impossibili.

Come tutte le tecnologie, anche le armi autonome saranno usate per il bene o per il male. Le armi autonome potrebbero salvare le vite dei soldati umani in un'epoca in cui le guerre sono combattute dalle macchine.

Tuttavia, la minaccia di un massacro di massa o mirato di esseri umani da parte delle macchine supera qualsiasi beneficio. Le armi autonome possono ispirare una nuova corsa agli armamenti che potrebbe sfuggire al controllo. Potrebbero essere usate dai terroristi per assassinare leader di Stato o chiunque altro. Spero che questa analisi serva da campanello d'allarme per comprendere le gravi conseguenze di questa applicazione dell'IA.

---

173 Cfr- Wikipedia – AGI intelligenza generale artificiale,
     https://it.wikipedia.org/wiki/Intelligenza_artificiale_forte

Ora, in tal senso l'umanità è in viaggio verso la terza fase, l'I.A. forte. Ovvero la fase in cui l'Intelligenza Artificiale, avrà per usare un termine forte, una sua "consapevolezza sintetica" e sarà in grado di confrontare in modo simile a quello che fanno gli esseri biologici informazioni e ponderare e prendere decisioni autonome in tutti i settori della società umana.

Tra le varie ipotesi c'è anche chi arriva a ipotizzare che l'I.A. avrà anche un supporto emotivo importante.

Questo cosa comporterà nella vita dei cittadini umani? Avremo una società divisa da due tipi di cittadini? Cittadini Digitali e Cittadini Biologici? Qui siamo già nel futuro quello che è certo e che l'umanità dovrà confrontarsi per gettare le basi e le regole di convivenza tra Intelligenza Umana e Intelligenza Sintetica e solo da questo confronto, si potrà sviluppare una società più equilibrata, in cui l'Umanità possa prosperare senza paure dell'ignoto simili alla profezia apocalittica mostrata nel celebre film Hollywodiano MATRIX[174] girata e scritta dai fratelli Wachowski, per citare un celebre film di fantascienza che ha fatto storia in tal senso incarnando le paure dell'umanità, in cui troviamo nella sua trama un mondo in cui le macchine hanno preso in mano il pianeta e usano gli esseri umani come batterie per alimentare la loro civiltà.

Questo è uno dei tanti futuri possibili che dobbiamo scongiurare e sarà solamente accettando e controllando i progressi di questa tecnologia, che possiamo percorrere una strada in cui scongiurare una profezia come quella che ho citato prima. L'avvento dell'era delle macchine che sostituiscono il lavoro umano, va visto come una liberazione dal giogo del lavoro per l'umanità e va invece colta l'opportunità di un mondo in cui l'automazione

---

174 Cfr.. Wikièedia – Matrix , https://it.wikipedia.org/wiki/Matrix - Matrix (The Matrix) è un film di fantascienza del 1999 in stile cyberpunk scritto e diretto dai fratelli Andy e Larry Wachowski.

elimina la povertà e si possa raggiungere la felicità, un mondo in cui l'umanità possa occupare le sue energie e le sue ambizioni a uscire dal medioevo del lavoro salariato per entrare nell'era dell'abbondanza, in cui tutti possono godere della ricchezza dell'automazione e ogni persona possa godere del suo tempo e usarlo con altri fini diversi da quello di procurarsi il cibo.

Un era d'oro per le arti e le scienze in cui i lavori ripetitivi sono eseguiti dalle macchine. Un'Era di prosperità e di felicità come non se ne sono mai viste sul pianeta, in cui l'umanità con le macchine al suo fianco, possa proiettarsi nel sistema solare ed espandere la sua influenza sul nostro satellite e altri pianeti del sistema solare.

Bibliografia

- Copertina immagine tratta da it.freepik.com https://it.freepik.com/vettori-gratuito/design-a-cervello-basso-poli-con-punti-di-collegamento_1125562.htm

- Artificial Intelligence index Report 2023 - Stanford University

  AI Index and Stanford HAI The AI Index is an independent initiative at the Stanford Institute for Human-Centered Artificial Intelligence (HAI).

  http://hai.stanford.edu/

- AI 2041 Ten Vision for Our future

  autore: Kai-Fu Lee and Chen Qiufan

  Library of Congress Cataloging-in-Publication Data

  Names: Lee, Kai-Fu, author. | Chen, Qiufan, author.

  Title: AI 2041 / by Kai-Fu Lee and Chen Qiufan.

  Description: First edition. | New York: Currency, [2021

- Quando le macchine raccontano le storie

  Autori: Alessandro Giaume, Alberto Maestri, Joseph Sassoon

  Autore Franco Angeli – Impresa, comunicazione, mercato

- AI BRANDS Ripensare le marche nell'economia algoritmica

  Autori: Alessandro Giaume, Alberto Maestri, Joseph Sassoon

  Autore Franco Angeli – Impresa, comunicazione, mercato

Sitografia

Wikipedia – Intelligenza Artificiale, - https://it.wikipedia.org/wiki/Intelligenza_artificiale

Agenda digitale - https://www.agendadigitale.eu/cultura-digitale/ai-debole-forte-norme-ue/

Andrea minini – Storia dell'intelligenza artificiale https://www.andreaminini.com/ai/storia-intelligenza-artificiale

Deep Blue e Kasparov – La partita a scacchi

https://it.wikipedia.org/wiki/Deep_Blue_-_Kasparov,_1996,_partita_1

BBC Deep Blue e Kasparov   https://youtu.be/KF6sLCeBj0s

WIRED – Sparrow https://www.wired.it/article/google-sparrow-rivale-chatgpt/

HWUpgrade - https://www.hwupgrade.it/news/web/google-sparrow-arriva-l-avversario-di-chatgpt-ecco-come-funziona-e-perche-sara-diverso_113684.html

https://tech.everyeye.it/notizie/google-sparrow-cosa-sappiamo-rivale-chatgpt-632107.html

Lamda - https://www.geopop.it/cose-lamda-e-perche-sembra-senziente-il-caso-dellintelligenza-artificiale-di-google/

Corriere.it https://www.corriere.it/tecnologia/22_giugno_13/intelligenza-artificiale-pensa-ed-esprime-sentimenti-controversa-tesi-un-ingegnere-google-80ebb6bc-eb14-11ec-b89b-6b199698064a.shtml

https://www.corriere.it/tecnologia/22_giugno_14/lamda-google-italiano-medium-1baf7b5c-eb42-11ec-b89b-6b199698064a.shtml

https://tg24.sky.it/tecnologia/2022/06/13/blake-lemoine-lamda-google

La mela Morsicata - https://www.melamorsicata.it/2022/06/16/lamda-google-ai-senziente/

Palm - https://ai.googleblog.com/2022/04/pathways-language-model-palm-scaling-to.html

Palm - https://venturebeat.com/ai/ai-weekly-google-sets-the-bar-for-ai-language-models-with-palm/

Palm - https://www.linkedin.com/pulse/language-models-face-off-google-palm-vs-openai-gpt-3-which-igor-costa/

Guerra eAI - https://www.msn.com/it-it/notizie/other/ucraina-l-intelligenza-artificiale-in-guerra-cos%C3%AC-kiev-prevede-le-mosse-russe/ar-AA18eQ0X?ocid=msedgntp&cvid=2b93f16ea5cc4d32b6ebe0851122fe0b&ei=39

MSN.com Macchine che si auto costruiscono - ChatGpt ha progettato il suo primo robot: si tratta di un contadino automatizzato (msn.com)

Europarlamento - Normativa UE Prima legge al mondo per regolamentare l'intelligenza artificiale
https://www.europarl.europa.eu/news/it/headlines/society/20230601ST O093804/normativa-sull-ia-la-prima-regolamentazione-sull-intelligenza-artificiale

Quadranti - I principi di Asilomar e i rischi sul fronte del Lavoro in Europa

http://www.quadranti.ch/i-principi-di-asilomar-per-lintelligenza-artificiale-oltre-i-pessimismi/

Informazioni sull'Autore

Dr.Roberto De Bortoli

Ha conseguito la Laurea Magistrale in Economia e Mercati Finanziari all'Università Leonardo da Vinci, in Svizzera, con voto 110.

Questo libro è parte della tesi che ha presentato sui Benefici per l'Economia con l'introduzione dell'Intelligenza Artificiale e che ha ricevuto il voto 110. .

Appassionato di Informatica e di Meccatronica, sin da piccolo ha conseguito numerose certificazioni e attestati di formazione in queste materie.